Coleção
FILOSOFIA
ATUAL

Impresso no Brasil, abril de 2011

Título original: *Eric Voegelin – The Restoration of Order*

Os direitos desta edição pertencem a
É Realizações Editora, Livraria e Distribuidora Ltda.
Caixa Postal: 45321 · 04010 970 · São Paulo SP
Telefax: (11) 5572 5363
e@erealizacoes.com.br · www.erealizacoes.com.br

Editor
Edson Manoel de Oliveira Filho
Gerente editorial
Bete Abreu
Revisão
Maiza P. Bernardello | Mariana Góis | Luciane Helena Gomide
Capa e projeto gráfico
Mauricio Nisi Gonçalves / Estúdio É
Diagramação
André Cavalcante Gimenez / Estúdio É
Pré-impressão e impressão
Prol Editora Gráfica

Coleção
FILOSOFIA
ATUAL

ERIC VOEGELIN

A RESTAURAÇÃO DA ORDEM

MICHAEL P.
FEDERICI

TRADUÇÃO
ELPÍDIO MÁRIO DANTAS FONSECA

Realizações
Editora

À memória de meu filho,

Sayward Pierce Federici

1999-2001

Sumário

Agradecimentos

Quando se termina de escrever um livro, torna-se claro que, mesmo antes de a pesquisa ter começado, muitas pessoas prepararam o caminho. Parar para agradecer a tais indivíduos e àqueles que foram importantes na produção do livro lembra o autor de que é impossível escrever um livro fora da comunidade de eruditos, da família, dos amigos e dos profissionais que merecem crédito por trazer a obra a lume.

Minha introdução à obra de Eric Voegelin e, mais importante, minha compreensão de seu poder e importância como corpo de erudição ocorreu em vários cursos de graduação ministrados por David Walsh na Catholic University of America, nos anos de 1980. Como professor e erudito, David foi tanto discípulo quanto crítico da teoria política de Voegelin. Eu poderia nunca ter desenvolvido um interesse em Voegelin sem a influência de David. Claes G. Ryn leu e ofereceu sugestões valiosas para melhorar o capítulo 7. Sempre o profissional consumado e mentor modelo, as intelecções de Claes e seu encorajamento modelaram não apenas o capítulo sobre os críticos de Voegelin, mas várias partes de minha análise, incluindo as seções que lidam com o conservadorismo e Cícero.

A University of Missouri Press fez um trabalho notável, ao publicar *The Collected Works of Eric Voegelin* [As Obras

Reunidas de Eric Voegelin]. O surgimento de materiais que não haviam sido previamente publicados e as introduções iluminadoras aos novos volumes foram úteis em minha análise da obra de Voegelin. A publicação de *The Collected Works* também tornou mais difícil meu trabalho, porque tive de ser responsável pela pesquisa de material novo e pela aquisição de cópias dos novos volumes. Jennifer Brown, gerente de publicidade e documentação da University of Missouri Press, e Beverly Jarret, diretora e editora-chefe, asseguraram que eu tivesse, rapidamente, os volumes necessários. Agradeço muito a ajuda delas.

Eric Wagner leu uma versão anterior do manuscrito e ofereceu sugestões valiosas que melhoraram a clareza de meu escrito e análise. Greg Butler da Universidade do Novo México, Jeff Polet, do Malon Collge, e Richard Gamble, do Palm Beach Atlantic College foram todos parte de um pequeno grupo de eruditos que encorajaram e serviram como caixa de ressonância para minhas ideias.

Jeff Nelson, editor de ISI Books, propôs-me, numa conferência em Williamsburg, Virgínia, no verão de 1998, que eu escrevesse o livro. Sou grato por sua confiança em minha obra e supervisão do projeto. Jeremy Beer foi um editor profissional e diligente. As melhoras castas do manuscrito original até o produto final devem-se, em grande parte, a seus esforços constantes de afinar a escrita, a análise e o foco do livro. Há muitas pessoas na comunidade ISI a quem sou grato por terem trabalhado neste projeto e em outros. Gary Gregg, Mark Henrie, Paul Rheim, Mike Wallacavage. Winfield J.C. Myers e Jason Duke, todos contribuíram com este projeto.

Partes do capítulo 4 apareceram antes num artigo publicado no *Intercollegiate Review* como “Logophobia” [Logofobia]. Partes do capítulo 7 apareceram em “Voegelin Christian Critics” [Críticos Cristãos de Voegelin], em *Modern Age.* Agradeço a permissão do Intercollegiate Studies Institute para usar partes desses artigos.

Meus colegas do Departamento de Ciência Política do Mercyhusrt College, Randy Clemons e Braian Ripley, me ajudaram durante a escrita deste livro. Seu profissionalismo e colegiado me proporcionaram um ambiente de trabalho ideal para a pesquisa e escrita de um livro. Dr. William P. Garvey, presidente do Mercyhurst College, apoiou meu trabalho quando concedeu a mim um afastamento sabático na primavera de 2001. A liberação das responsabilidades de lecionar foi vital para completar este volume.

Finalmente, gostaria de agradecer à minha família. Nos quatro anos que trabalhei neste livro, dois de meus três filhos nasceram, e um morreu. Meu filho Sayward Pierce, a quem este livro é dedicado, deu-me inspiração. Ele foi uma fonte de força e resistência desde o momento de seu nascimento – quando parecia impossível que sobrevivesse –, através da luta por sua curta vida, até a morte, aos dezoito meses de idade. Ele nunca foi capaz de verbalizar seus pensamentos ou desejos; nunca viu a luz, nem a beleza; nunca ouviu os sons alegres da vida; nunca sorriu para agradecer às várias pessoas que dele cuidaram durante sua árdua luta. Mas, de algum modo, o garoto que viveu sua vida em coma, incapaz de comunicar-se com o mundo a seu redor, foi a fonte de inumeráveis atos de ternura e amor. A vida e memória dele ofereceram a seu pai a determinação de escrever este livro. Suas duas irmãs, Elizabeth e Amy Rebecca, encheram minha vida de alegria, sem a qual as conquistas profissionais parecem sem sentido. A mãe dele, minha amada esposa Frances, suportou o fardo de minhas frustrações enquanto eu escrevia este livro. Sua ajuda e seu encorajamento mantiveram-me focado em minha obra e seu amor me lembrou por que eu trabalho.

Abreviações

A: *Anamnesis*, traduzido e editado por Gerhart Niemeyer (Notre Dame, Ind.: University of Notre Dame Press, 1978). [*Anamnese: Da Teoria da História e da Política*, tradução para o português de Elpídio Mário Dantas Fonseca, feita da edição completa da obra, lançada como volume 6 de *The Collected Works of Eric Voegelin*, University of Missouri Press. São Paulo: É Realizações, 2009.]

AS: *The Authoritarian State: An Essay on the Problem of the Austrian State* [O Estado Autoritário: Ensaio sobre o Problema do Estado Austríaco], traduzido por Ruth Hein, com edição e introdução de Gilbert Weiss, comentário histórico de Erika Winzierl (Columbia, Mo.: University of Missouri Press, 1999). Publicado originalmente em 1936 como *Der Autoritäre Staat: Ein Versuch über das Österreichische Staatsproblem.*

AR: *Autobiographical Reflections*, com edição e introdução de Ellis Sandoz (Baton Rouge, La.: Louisiana State University Press, 1989). [*Reflexões Autobiográficas* (RA), tradução para o português de Maria Inês de Carvalho, com notas de Martim Vasques da Cunha, feita da edição completa da obra, lançada como volume 34 de *The Collected Works of Eric Voegelin*, University of Missouri Press. São Paulo: É Realizações, 2008.]

CEV: *Conversations with Eric Voegelin* [Conversas com Eric Voegelin], com edição e introdução de R. Eric O'Connor (Montreal: Thomas More Institute, 1980).

FER: *From Enlightnment to Revolution* [Do Iluminismo à Revolução], editado por John H. Hallowell (Durham, N.C.: Duke University Press, 1975).

HG: *Hitler and the Germans,* traduzido, com edição e introdução de Detlev Clemens e Brendan Purcell (Columbia, Mo.: University of Missouri Press, 1999). Preleções proferidas no verão de 1964, na Universidade de Munique. [*Hitler e os Alemães* (HA), tradução de Elpídio Mário Dantas Fonseca, com prefácio de Mendo Castro Henriques. São Paulo: É Realizações, 2008.]

HPI I: *History of Political Ideas, vol. I: Hellenism, Rome, and Early Christianity* [História das Ideias Políticas, vol. I: Helenismo, Roma e o Cristianismo Primitivo], com edição e introdução de Athanasios Moulakis (Columbia, Mo.: University of Missouri Press, 1997).

HPI II: *History of Political Ideas, vol. II: The Middle Ages to Aquinas* [História das Ideias Políticas, vol. II: A Idade Média até Aquino], com edição e introdução de Peter von Sivers (Columbia, Mo.: University of Missouri Press, 1997).

HPI III: *History of Political Ideas, vol. III: The Later Middle Ages* [História das Ideias Políticas, vol. III: A Alta Idade Média], com edição e introdução de David Walsh (Columbia, Mo.: University of Missouri Press, 1998).

HPI IV: *History of Political Ideas, vol. IV: Renaissance and Reformation* [História das Ideias Políticas, vol. IV: Renascença e Reforma], com edição e introdução de David L. Morse e William M. Thompson (Columbia, Mo.: University of Missouri Press, 1998).

HPI V: *History of Political Ideas, vol. V: Religion and the Rise of Modernity* [História das Ideias Políticas, vol. V: Religião e a Ascensão da Modernidade], com edição e introdução de James L. Wiser (Columbia, Mo.: University of Missouri Press, 1998).

HPI VI: *History of Political Ideas, vol. VI: Revolution and the New Science* [História das Ideias Políticas, vol. VI: Revolução e a Nova Ciência], com edição e introdução de Barry Cooper (Columbia, Mo.: University of Missouri Press, 1998).

HPI VII: *History of Political Ideas, vol. VII: The New Order and Last Orientation* [História das Ideias Políticas, vol. VII: A Nova Ordem e a Última Orientação], com uma introdução de Jürgen Gebhardt e Thomas A. Hollweck (Columbia, Mo.: University of Missouri Press, 1999).

HPI VIII: *History of Political Ideas, vol. VIII: Crisis and the Apocalypse of Man* [História das Ideias Políticas, vol. VIII: Crise e o Apocalipse do Homem], com edição e introdução de David Walsh (Columbia, Mo.: University of Missouri Press, 1999).

HRI: *The History of the Race Idea* [História da Ideia de Raça], traduzido por Ruth Hein, com edição e introdução de Klaus Vondung (Columbia, Mo.: University of Missouri Press, 1998). Publicado originalmente em 1933 como *Die Rassenidee in der Geistesgeschichte.*

NSP: *The New Science of Politics* [A Nova Ciência da Política], prefácio de Dante Germino (Chicago: The University of Chicago Press, 1952). Reeditado em 1983 e 1987 por Midway.

OFAM: *On the Form of the American Mind* [Da Forma da Mente Americana], traduzido por Ruth Hein, com edição e introdução de Jürgen Gebhardt e Barry Cooper (Baton Rouge, La.: Louisiana State University Press, 1995). Publicado originalmente em 1928 como *Über die Form des Amerikanischen Geistes.*

OH I: *Order and History, vol. I: Israel and Revelation* [Ordem e História, vol. I: Israel e a Revelação], com edição e introdução de Maurice P. Hogan (Columbia, Mo.: University of Missouri Press, 2001). Publicado originalmente em 1956 pela Louisiana State University Press.

OH II: *Order and History, vol. II: The World of the Polis* [Ordem e História, vol. II: O Mundo da Pólis], com edição e introdução de Athanasios Moulakis (Columbia, Mo.: University of Missouri Press, 2000). Publicado originalmente em 1957 pela Louisiana State University Press.

OH III: *Order and History, vol. III: Plato and Aristotle* [Ordem e História, vol. III: Platão e Aristóteles], com edição e introdução de Dante Germino (Columbia, Mo.: University of Missouri Press, 2000). Publicado originalmente em 1957 pela Louisiana State University Press.

OH IV: *Order and History, vol. IV: The Ecumenic Age* [Ordem e História, vol. IV: A Era Ecumênica], com edição e introdução de Michael Franz (Columbia, Mo.: University of Missouri Press, 2000). Publicado originalmente em 1974 pela Louisiana State University Press.

OH V: *Order and History, vol. V: In Search of Order* [Ordem e História, vol. V: Em Busca de Ordem], com edição e introdução de Ellis Sandoz (Columbia, Mo.: University of Missouri Press, 2000). Publicado originalmente em 1987 pela Louisiana State University Press.

PE 1953-1965: *Published Essays 1953-1965* [Ensaios Publicados], com edição e introdução de Ellis Sandoz (Columbia, Mo.: University of Missouri Press, 2000).

PE 1966-1985: *Published Essays 1966-1985* [Ensaios Publicados], com edição e introdução de Ellis Sandoz (Baton Rouge, La.: Louisiana State University Press, 1990).

PR: *The Political Religions* [As Religiões Políticas], traduzido por Virginia Ann Schildhauer, com edição e introdução de Manfred Henningsen (Columbia, Mo.: University of Missouri Press, 2000). Publicado originalmente em 1938 como *Die Politischen Religionen.*

RS: *Race and State* [Raça e Estado], traduzido por Ruth Hein, com edição e introdução de Klaus Vondung (Columbia, Mo.: University of Missouri Press, 1997). Publicado originalmente em 1933 como *Rasse und Staat.*

SPG: *Science, Politics and Gnosticism* [Ciência, Política e Gnosticismo] (Chicago: Regnery Gateway, 1968).

WIH: *What Is History? And Other Late Unpublished Writings* [O que É História? E Outros Escritos Posteriores Não Publicados], com edição e introdução de Thomas A. Hollweck e Paul Caringella (Baton Rouge, La.: Louisiana State University Press, 1990).

Introdução

Escrever um livro acerca da teoria política de Eric Voegelin é uma tarefa desafiadora. O autor tem de explicar a substância histórica e filosófica da obra de Voegelin, apreender a importância de sua contribuição para a cultura e a restauração da civilização ocidental, e avaliar as críticas à sua teoria política. Vários fatores, incluindo a dimensão de sua cultura, tornam a tarefa de transformar esses objetivos num estudo convincente um projeto formidável. Voegelin escreveu 21 livros e mais de uma centena de artigos culturais que, juntos, marcam a jornada existencial e intelectual de um filósofo original do século XX.[1] A densidade filosófica e o escopo histórico de sua obra aumentam ainda mais o desafio de explanar-lhe e analisar-lhe a teoria política. Além disso, há várias dimensões da realização intelectual de Voegelin, incluindo uma história das ideias políticas, uma nova ciência da política, uma filosofia da ordem e da história, e uma filosofia da consciência.

O volume, escopo, complexidade teorética e a multidimensionalidade de sua obra tornam difícil transmitir o significado intrincado de sua filosofia política e conectar todos os seus aspectos num pequeno livro. Para rever tanto

[1] Obras já publicadas e obras ainda inéditas de Voegelin estão sendo publicadas conjuntamente, em 34 volumes, pela Louisiana State University Press e pela University of Missouri Press.

quanto possível os aspectos da teoria política de Voegelin e para introduzi-la a um público mais amplo é necessário ser expositivo, quando discutindo algumas partes de sua obra, e analítico, quando discutindo outras. Este livro enfoca os componentes centrais da filosofia política de Voegelin e tenta deixar as questões esotéricas, relacionadas à sua obra, para eruditos mais especializados.

Qualquer que seja o nível de análise, explicar a filosofia política de Voegelin exige assim a exposição de suas ideias como uma compreensão do contexto em que elas foram criadas. O contexto para a filosofia política de Voegelin inclui as circunstâncias históricas e políticas em que ele escreveu e a evolução de suas obras eruditas como um todo, com suas mudanças de ênfase e seu desenvolvimento de novos panoramas filosóficos. É também importante ter alguns dados do perfil biográfico de Voegelin, uma vez que sua filosofia política foi moldada por encontros que ele teve com o totalitarismo e outras ideologias espiritualmente sufocantes.

Mas, por mais complexa que possa parecer a filosofia política de Voegelin, há um fio condutor em sua obra. Esteja Voegelin tratando da filosofia da história e da ordem, da filosofia da consciência, do problema da raça na Alemanha, ou da história das ideias políticas, sua preocupação primária foi engajar-se na pesquisa filosófica aberta à verdade da existência. A responsabilidade de filósofos políticos que fazem de tal pesquisa o trabalho de toda uma vida é articular a verdade da existência e defendê-la da mentira. A busca da verdade e da ordem encontra sempre resistência – não apenas na sociedade, mas na imaginação do filósofo, que procura meios de articular a verdade ao peneirar concepções alternativas de realidade (*OH V*, p. 53-54). A busca não pode acontecer fora da guerra na imaginação entre percepções de realidade competitivas. A presença da mentira é uma parte da estrutura da consciência que tem de ser confrontada e superada. A busca de Voegelin pela verdade existencial incluía resistir às distorções ideológicas prevalentes, diagnosticando-lhes as causas espirituais, e traçando-lhes o desenvolvimento histórico. Esse tratamento colocou Voegelin em desacordo com as forças dominantes de sua época.

O contexto contemporâneo

Nosso próprio contexto cultural e intelectual aumenta a dificuldade de explicar a filosofia política de Voegelin. A obra de Voegelin não é bem conhecida fora de um grupo relativamente pequeno de acadêmicos e seus alunos. No entanto, dentro desse domínio, a influência de Voegelin é impressionante. Sua obra inspirou uma literatura secundária crescente e sua filosofia política tem sido aplicada a uma variedade de tópicos, num amplo número de campos acadêmicos. Sua filosofia da história e filosofia da consciência têm influenciado a obra de pensadores que são significativos por si próprios. Entre eles estão Gerhardt Niemeyer, Flannery O'Connor, David Walsh, Marion Montgomery, Russell Kirk, James L. Wiser, Ellis Sandoz, Dante Germino e Jürgen Gebhardt. Prova maior da influência de Voegelin foi a criação, em 1987, do Instituto Voegelin na Universidade do Estado de Louisiana, e do Centro de Estudos Voegelin, no Departamento de Religiões e Teologia da Universidade de Manchester. Mas, enquanto a obra de Voegelin influenciou vários eruditos de primeira grandeza, sua teoria política não encontrou lugar numa cultura mais ampla.

Vários fatores contribuíram para a obscuridade da obra de Voegelin.[2] Por um lado, como nota Ellis Sandoz, Voegelin fez poucas concessões aos leitores que não estavam preparados para digerir intelectualmente material filosófico e histórico. Embora Voegelin tenha escrito alguns ensaios que pretendiam ser acessíveis a um público amplo, até recentemente

---

[2] A discussão sobre a obscuridade de Voegelin funda-se na introdução de Ellis Sandoz a *Eric Voegelin's Significance for the Modern Mind* [O Significado de Eric Voegelin para a Mente Moderna]. Baton Rouge, La., Louisiana State University Press, 1991. Ver especialmente p. 1-7.

a maior parte dessas obras não estava publicada ou estava disponível apenas em alemão. Além disso, a literatura secundária recente acerca de Voegelin tende a focalizar sua obra teórica mais profunda. Outro fato que contribui para a obscuridade de Voegelin é que, embora lecionasse em algumas das principais universidades da América e da Europa, ele passou boa parte de sua carreira acadêmica na Universidade do Estado da Louisiana, a qual não lhe deu prestígio institucional. Além disso, como Voegelin estava tão determinado em trabalhar à sua maneira com um vasto material de fontes filosóficas e históricas, via de regra ele não orientava estudantes de doutorado.[3] Em consequência, ele não se beneficiou da atividade de dúzias de estudantes de graduação, passando adiante suas ideias para novas gerações de eruditos. Finalmente, Voegelin era com frequência incompreendido ou desprezado porque sua filosofia política era intelectualmente alheia às disposições ideológicas convencionais. Não apenas o *The New York Times* desapontou ao fazer a resenha de um dos livros de Voegelin, enquanto ele ainda estava vivo;[4] como também o obituário de Voegelin que publicou não transmitiu nenhum traço de sua contribuição à cultura, de seu gênio intelectual ou de sua visão imaginativa.[5]

A *Time* publicou, é certo, um artigo de cinco páginas acerca da análise que Voegelin fez do gnosticismo, que apareceu por volta de um ano depois da publicação de *A Nova Ciência*

---

[3] Uma exceção notável é Ellis Sandoz, que escreveu sua dissertação de doutorado sob a supervisão de Voegelin. Sandoz é um dos principais comentaristas da obra de Voegelin e está no corpo editorial de *The Collected Works of Eric Voegelin* [As Obras Reunidas de Eric Voegelin]. Ele é também o editor da série recentemente publicada *History of Political Ideas* [História das Ideias Políticas]. Voegelin cultivou alunos ao longo de sua carreira profissional, especialmente como professor e diretor do Instituto de Ciência Política, cargo exercido na Universidade de Munique. Para saber mais sobre os motivos pelos quais Voegelin deixou os EUA e aceitou um cargo na Alemanha, assim como sobre sua visão dos alunos tanto nos EUA como na Europa, ver *AR*, p. 91-92 [*RA*, p. 133-34].

[4] Para uma discussão do *The New York Times* e a obra de Voegelin, ver George A. Panichas, "The New York Times and Eric Voegelin". *Modern Age* 29, primavera de 1985, p. 98-103.

[5] Ver *The New York Times*, 23 de janeiro de 1985, p. 8 (B).

da Política. O contexto do artigo é interessante, e mostra, de algum modo, como a obra de Voegelin era vista por um público mais amplo num caso raro de sua disseminação popular. Em 9 de março de 1953, na edição da *Time* que celebrava os trinta anos de publicação da revista, os editores apresentaram uma lista de "convicções" e uma "tese de aniversário" baseada em grande parte – e notavelmente – na análise que Voegelin fazia do gnosticismo.[6] A parte do artigo que tratava da obra de Voegelin era um esquema grosseiro de sua compreensão do gnosticismo e de como influenciara a evolução do pensamento ocidental e da política. O título do artigo "Jornalismo e os filhos de Joaquim" era uma referência ao monge calabrês do século XIII, Joaquim de Fiore (Flora), que figura proeminentemente na análise de Voegelin acerca da crise cultural do Ocidente.[7]

A resposta ao artigo foi, como era de se esperar, variada. Nas duas edições seguintes, a *Time* publicou várias cartas ao editor. Algumas eram cômicas: "Achei revoltante vosso artigo afetado acerca do gnosticismo. Vós e o papa podeis fingir que

---

[6] Entre as convicções enumeradas estava "[q]ue a ordem de Deus no mundo do homem inclui um código moral, baseado na natureza imutável do homem e não sujeito à revogação, suspensão ou emenda pelo homem". O artigo também citava o pronunciamento da Suprema Corte Americana no caso Zorach *versus* Clauson (1952), que dizia "somos um povo religioso cujas instituições pressupõem um Ser Supremo", e acrescentava que "a história americana não pode ser compreendida ou uma política correta ser formada a não ser com o reconhecimento desse fato". Fundada nessa compreensão das instituições políticas americanas, a *Time* afirmava que a "igualdade perante a lei é fundamentada na dignidade de cada homem aos olhos de Deus; que a liberdade política é baseada na liberdade da alma de aceitar ou rejeitar o Bem...". O artigo sugeria que os direitos têm de ser protegidos, mas o estado tem obrigação de "proteger sua autoridade". Para fundamentar tal ideia foi citado o comentário do Juiz da Suprema Corte, Jackson, de que a Carta de Direitos não é um pacto suicida. Voegelin cita o mesmo comentário em *A Nova Ciência da Política* e em seu ensaio "Democracia na Europa" em *PE 1953-1965*, p. 59. A convicção final notável era "[q]ue todas as tentativas, revolucionárias ou reformistas de progresso baseadas na ideia de que o homem é perfectível, levarão à estagnação, na melhor das hipóteses, e à calamidade, na pior". "Journalism and Joachim Children" [Jornalismo e os Filhos de Joaquim]. *Time*, 9 de março de 1953, p. 57-61.

[7] Para uma discussão lúcida do gnosticismo e de suas implicações, ver Voegelin, "Gnostic Politics" [Política Gnóstica], em *PE 1940-1952*, p. 223-40.

sois Deus, se quiserdes, mas se o homem pode ou não atingir a perfeição está muito além de qualquer um de vós, e não tem nada a ver com reportagens em jornal...".[8] Outros leitores aplaudiram a *Time*. Um leitor agradeceu aos editores pela "sinopse exaustiva da tese do cientista político Voegelin". Outro chamou o artigo "[a] análise mais realista e madura da situação do mundo que já apareceu numa revista importante".[9] Mas, em geral, se as quase três dúzias de cartas ao editor fossem um indicador da habilidade do público em geral em compreender a obra de Voegelin, parece provável que as revistas populares de notícias não eram o melhor meio de disseminar a filosofia política de Voegelin.

Uma prova maior dos problemas que o estudioso enfrenta quando explica a teoria política de Voegelin é o fato de que críticos e admiradores o classificaram igualmente como pertencente a um ou outro do amplo espectro de categorias.[10] Ele, porém, recusou-se a identificar-se com rótulos ideológicos,[11] e, portanto, não há nenhum grupo ideológico preparado para abraçar-lhe a teoria política. Sua filosofia política tende a atrair indivíduos que são mais contemplativos do que políticos, e não está claro onde justamente a filosofia política de Voegelin se encaixa nas

---

[8] *Time*, 30 de março de 1953, p. 6. Um cavalheiro de Minot, North Dakota, escreveu: "Tolice deturpada... Este Voegelin é apenas outro intelectual...". Outro leitor se ofendeu com o retrato degradante que a *Time* fez de Comte e disse: "Ora bolas, *Time*, cava o conceito cultural e um pouco do método científico se queres jogar no time principal dos intelectuais. Tu e Reinhold Niebuhr estais colocando vossas cabeças na mesma areinha e tremulando vossas penas enquanto o mundo passa", *Time*, 23 de março de 1953, p. 10.

[9] *Time*, 23 de março 1953, p. 10; 30 de março 1953, p. 4.

[10] Explicou ele em *AR* [*RA*]: "Tenho em meus arquivos documentos tachando-me de comunista, fascista, nacional-socialista, liberal, neoliberal, judeu, católico, protestante, platônico, neoagostiniano, tomista e, é claro, hegeliano; registre-se ainda que eu era, supostamente, muito influenciado por Huey Long" (*AR*, p. 46; *RA*, p. 80-81).

[11] A tentativa de colocar Voegelin numa categoria política ou ideológica particular continua evidente em recensões recentes de suas obras e em recensões de literatura secundária acerca de Voegelin. Ver, por exemplo, a recensão de Theodore Weber de *Eric Voegelin and the Good Society* [Eric Voegelin e a Boa Sociedade], de John J. Ranieri, em *Theological Studies 58*, junho de 1997, p. 379-80.

categorias políticas contemporâneas. Mesmo hoje, embora seus seguidores tendam a ser política e intelectualmente conservadores,[12] eles incluem indivíduos de uma larga escala de instituições políticas. Isso se pode atribuir, em parte, à insistência de Voegelin numa pesquisa filosófica aberta e à sua rejeição da ideologia política. Mas pode também ser atribuído a um alto grau de abstração em sua teoria política, frequentemente lamentado.

O capítulo 1 dará aos leitores algumas indicações de quem foi Voegelin e explicará o contexto de sua obra cultural. Os capítulos seguintes enfatizam a filosofia política de Voegelin. Pode ser que essa ênfase sem seus escritos políticos deixe alguns leitores com a impressão de que a obra de Voegelin sobre a filosofia da consciência seja menos importante, ou que haja uma descontinuidade entre sua filosofia política e sua história da consciência. De certa forma, essa implicação é intencional. A obra de Voegelin acerca da filosofia da consciência é, sem dúvida, uma realização genuína e, em alguns sentidos, representa uma evolução natural e o auge de sua obra. Voegelin acreditava que a crise do Ocidente demandava uma transformação da consciência. No entanto, há uma parte em que sua filosofia da consciência está distante da política, e, ao contrário da maior parte de sua obra anterior, tem uma relevância menor na vida política. Além disso, a obra de Voegelin acerca da filosofia da consciência é muitíssimo abstrata e filosoficamente densa – é difícil imaginar de outro modo uma filosofia da consciência. Então, para estudantes que se iniciam nos estudos de Voegelin, sua filosofia da consciência não é o lugar de partida. Os escritos políticos de Voegelin servem como a melhor introdução à sua teoria política. Antes de continuar a explicar e examinar essa teoria em minúcia, vale a pena introduzir os componentes mais importantes do pensamento de Voegelin.

---

[12] George H. Nash considera *A Nova Ciência da Política* "um dos mais importantes livros de intelectuais de direita do pós-guerra". Ver Nash, *The Conservative Intellectual Movement* [O Movimento Intelectual Conservador]. Wilmington, Del., Intercollegiate Studies Institute, 1996, p. 42.

A restauração da experiência engendrante

Diante da difundida e profunda decadência moral, social e cultural, Voegelin teorizou que o Ocidente perderia sua consciência de certas experiência históricas vitais para a formação da ordem existencial, social e política.[13] Nos termos de Voegelin, as experiências históricas e seus símbolos de linguagem correspondentes iluminaram a verdade da realidade. A linguagem foi necessária para articular "experiências de ordem" e preservá-las ao longo do tempo, uma vez que tais experiências eram raras. A verdade da existência incorporada na experiência era uma força ordenadora, porque sintonizava a alma aberta ao *Agathon* (o Bem). E uma ordem social e política justa, como a alma justa, é dependente desse tipo de sintonia. Infelizmente, a experiência histórica não pode ter um efeito ordenador se os símbolos de linguagem que a preservam perdem seu significado original, como ocorre quando são transformados ou obscurecidos por movimentos ideológicos. Tais movimentos agem para separar os símbolos de linguagem de suas experiências engendrantes. Para reconquistar a consciência dessas experiências – e, a seu turno, restaurar a ordem existencial, política e social – o filósofo tem de "reativar a experiência engendrante em sua psique" e "recapturar a verdade da realidade existente nos símbolos".[14] Em particular, os símbolos de linguagem do mito, da revelação, da história e especialmente da filosofia têm de ser restaurados para a luminosidade – ou seja, religados às experiências históricas que eles tentam transmitir – antes de poder ocorrer uma discussão racional das questões de ordem. Esse redescobrimento do significado exige que o filósofo recrie a experiência imaginativamente num ato de meditação e cria "símbolos refletivos" que articulam a verdade dos "símbolos

---

[13] Quando Voegelin se refere à experiência, ele quer dizer algo específico. Por experiência, ele quer dizer a sintonia individual com o fundamento do ser.

[14] Jürgen Gebhardt, epílogo a *In Search of Order* [Em Busca de Ordem]. Columbia, Mo., University of Missouri Press, 2000, p. 131.

originais". Essa compreensão da crise moderna como uma perda de consciência de símbolos e experiência ajuda a explicar por que Voegelin se voltou para a filosofia da consciência em sua obra posterior.[15]

O emprego contemporâneo da palavra "filosofia" ilustra as consequências de separar símbolos de linguagem de suas experiências engendrantes. "Filosofia" passou, no uso comum, a significar o mesmo que "ideologia" ou "sistema de valores". Mas a clareza filosófica depende de distinções como as existentes entre filosofia e conhecimento (*episteme*) por um lado, e ideologia e opinião (*doxa*) de outro. O emprego contemporâneo de filosofia e ideologia como sinônimos implica, por exemplo, que as filosofias de Platão e Aristóteles não devem ser consideradas afirmações verdadeiras acerca da realidade, mas simplesmente duas ideologias entre muitas que os indivíduos são livres para escolher, baseados em suas preferências pessoais ou interesses políticos. As implicações políticas do símbolo "filosofia" tornando-se opaco ficam evidentes na emergência de "manipuladores de opinião", um tipo de personagem que Platão classificava como *filodoxos* (amantes da aparência e da opinião). A distorção intencional que eles fazem da realidade corrói a habilidade de os indivíduos verem a vida como ela é. Os *filodoxos* modernos tiram seus argumentos dos erros comuns do dia. Em tal ambiente a política não é uma busca ou pela verdade ou pela fundação de ordem baseada nessa verdade. A política é, ao contrário, um jogo de poder jogado por *filodoxos* que vendem suas opiniões com a compreensão sofista de que o que importa é simplesmente o poder, não a verdade. Esse contexto torna difícil estabelecer a existência da verdade (*aletheia*) acerca da

---

[15] O termo "moderno" como empregado por Voegelin e outros críticos da modernidade não significa apenas recente ou contemporâneo. É um conceito com conteúdo ideológico. Como explica Russel Kirk, significa "preferência por mudança em vez de permanência; exaltação da era presente sobre todas as épocas prévias, aprovação calorosa de engrandecimento material e indiferença relativa para com a ordem moral; hostilidade dogmática, frequentemente, contra o teísmo". Russel Kirk, *Obdurate Adversaries of Modernity* [Adversários Obdurados da Modernidade). *Modern Age* 31, verão/outono de 1987, p. 203.

realidade, particularmente a realidade transcendente. Na verdade, as referências a uma realidade objetiva agora são tratadas normalmente com um ceticismo intelectual e existencial profundo, senão com uma completa intolerância. Voegelin classifica essa reação à intelecção filosófica como "fechamento narcisista". Ele acredita que essa é a característica da alienação espiritual e do estranhamento do homem moderno (*PE 1966-1985*, p. 1-35). Uma discussão significativa não pode acontecer sob tais circunstâncias porque não existem as precondições para o debate racional (idem, p. 36-51).[16]

Porque símbolos importantes de linguagem perderam seu significado, Voegelin achou não apenas necessário restaurar o sentido original de velhos símbolos, mas também criar novos termos para explicar questões filosóficas. Exemplos dos novos símbolos de Voegelin são "logofobia" (medo e ódio da filosofia) e "especulação pseudológica" (especulação não teorética – especulação que está fechada a aspectos da realidade em razão da aderência a pré-concepções ideológicas rígidas tais como a vista em pensadores "espiritualmente doentes" como Karl Marx).[17] Voegelin criou esses termos para explicar a depravação espiritual que engendra sistemas ideológicos. A criação de novos termos e conceitos foi uma parte necessária da criação ou restauração de uma nova ciência da política, a ciência da filosofia política clássica, que era capaz de analisar efetivamente e diagnosticar a crise moderna.[18] A combinação de termos filosóficos não familiares e neologismos fez Voegelin ser acusado de pedante ou esotérico.

---

[16] Ver também Voegelin, "On Readiness to Rational Discussion" [Da Prontidão para a Discussão Racional]. In: *Freedom and Serfdom: An Anthology of Western Thought* [Liberdade e Servidão: Uma Antologia do Pensamento Ocidental]. Editado por Albert Hunold. Dordrecht, Holland, D. Reidel Publishing Company, 1961, p. 269-84.

[17] Ver capítulo 5 em *FER*, para o emprego que Voegelin faz desses termos.

[18] O que Voegelin quer dizer por moderno ou crise do Ocidente será discutido em minúcia no capítulo 2. Uma fonte valiosa para a compreensão da crise do Ocidente é a edição de trinta anos de *Modern Age*, 31 (verão/outono de 1987). O tema da edição é "Essays on the Crisis of Modernity" [Ensaios sobre a Crise da Modernidade], e contém vários ensaios sobre Voegelin, relacionados à sua compreensão da crise ocidental.

Mas ele não era nada disso. Estudando-se cuidadosamente a teoria política de Voegelin, torna-se claro que o emprego de termos filosóficos não familiares e de neologismos foi garantido pela natureza e pelo contexto de sua filosofia política. Penetrar o significado experiencial e a verdade da realidade numa época de ideologias deformantes exigia a reativação do significado dos símbolos que articulavam as experiências de realidade, e a criação de novos para descrever problemas filosóficos complexos. Voegelin não estava sendo vão intelectualmente em sua terminologia; estava tentando descrever genuinamente a realidade e restaurar a ciência política.[19]

Rejeição do dogma e da doutrina

Embora Voegelin reconheça a necessidade parcial de doutrina e dogma, ele era filosoficamente oposto à codificação do bem como dogma, doutrina, ou "ismo". Para Voegelin, o objetivo filosófico era ir além das tradições e codificações da realidade para a "realidade pré-dogmática do conhecimento" (*A*, p. 189), pelo qual ele queria dizer as experiências engendrantes com a realidade que revelavam a verdade da condição humana. O problema era que experiências e símbolos são aptos a divergir quando as experiências originais são formuladas em doutrinas. Ou seja, o processo de doutrinação muda o foco da consciência humana da experiência para o dogma. A separação da doutrina e da experiência é problemática porque o dogmatismo e a doutrinação proíbem a pesquisa filosófica, uma vez que tal pesquisa é vista como infidelidade a princípios estabelecidos.

[19] A frustração que leitores experimentam com a terminologia de Voegelin pode ser minimizada pela consulta de literatura secundária acerca dele. Ver, por exemplo, Eugen Webb, *Eric Voegelin: Philosopher of History* [Eric Voegelin: Filósofo da História]. Seattle, University of Washington Press, 1981. Webb apresenta um glossário útil que inclui termos comumente encontrados nos escritos de Voegelin. Esse glossário é um ponto de partida para seus novos leitores. Eu também incluí um glossário neste livro.

Dada essa compreensão da experiência engendradora e sua relação com os símbolos de linguagem, não é de surpreender que Voegelin fosse tão inflexível em opor-se à doutrinação. De fato, sugeriu-se que um dos componentes centrais de sua filosofia não é meramente antidoutrinação, mas desdoutrinação.[20] Mas, embora a doutrinação seja um obstáculo para a reconquista da experiência, como a experiência engendrante da realidade pode ser mantida como força viva sem algum grau de codificação? A resposta de Voegelin será discutida no capítulo 7. A maior parte das pessoas é incapaz do exercício meditativo que Voegelin acreditava necessário para recriar imaginativamente tais experiências engendrantes. Então, como podem participar no bem sem recorrer à doutrina? Voegelin estava muito a par de que os seres humanos estão prestes a cair da verdade da ordem e que ela deveria ser reconquistada repetidamente. No entanto, é esclarecedor que, embora Voegelin reconhecesse esse fato, ele, porém, opunha-se veementemente à doutrinação na obra de filosofia.[21]

A nova ciência da política de Voegelin

Diagnosticar a crise do Ocidente exige a criação de um arcabouço filosófico que pode identificar as forças da desordem e penetrar em suas causas espirituais. Este esforço deu origem à "nova" ciência da política de Voegelin. Seu tratamento era novo no sentido de que era um rompimento radical com as metodologias ideologicamente influenciadas de seu tempo. No entanto, era velha no sentido de que a concepção que Voegelin tinha da ciência era um retorno ao tratamento clássico de Platão e Aristóteles. Esse tratamento reconstituído da análise científica era necessário em razão do estado existente

[20] Gebhardt, Epílogo a *In Search of Order* [Em Busca de Ordem], p. 130.

[21] Para as apreensões de Voegelin quanto ao dogma, ver "Response to Professor Altizer" [Resposta ao Professor Altizer] (*PE 1966-1985*, p. 294-95). Para suas afirmações mais positivas acerca do dogma, ver Webb, *Eric Voegelin: Philosopher of History* [Eric Voegelin: Filósofo da História], p. 214.

de cultura do século XX.[22] Ideologias como positivismo colocam exigências metodológicas nos eruditos que tornam impossível diagnosticar precisamente os males do mundo ocidental. Essas ideologias são inadequadas porque são filosoficamente fechadas ao escopo completo da realidade - ou seja, seus métodos e pressupostos proíbem análises teoréticas das questões que dizem respeito à realidade transcendente. Ideologias são obstáculos para a análise erudita e científica da crise moderna, e, na verdade, são parte da própria crise.

Redespertar a consciência ocidental para as experiências de ordem que são a própria substância da civilização exige uma pesquisa aberta e completa da fonte divina da ordem. Esse processo de recordação (*anamnese*) sugere que a verdade da realidade experiencial não se perdeu para sempre, mas, ao contrário, está adormecida na mente ocidental, esperando ser imaginativamente despertada por uma alma sensitiva espiritualmente. O arcabouço filosófico de Voegelin tentou romper as barreiras ideológicas da busca da ordem e da reconquista da consciência transcendente, motivo pelo qual ele dedicou uma porção significativa de sua erudição aos problemas de ideologia e metodologia. Também por isso é que ele rejeitou doutrina de ordem (como oposta à filosofia da ordem) e por que dedicou tanto de seu esforço à abertura da busca (*zetema*). A filosofia política de Voegelin iluminou um caminho: corporificou o espírito em que a busca da fonte transcendente de ordem deve ser conduzida; não criou um sistema ideológico, um programa político ou uma doutrina social.[23] O objetivo primordial dessa filosofia política não era reconquistar informação histórica, mas reconquistar uma compreensão do processo pelo qual o homem se torna consciente da realidade divino-transcendente.

---

[22] Voegelin não está só ao chegar a essa conclusão. Leo Strauss e Irving Babbitt também identificam os métodos modernos de análise, como o Positivismo, como obstáculos para a busca aberta da verdade da existência.

[23] Explica Voegelin no contexto da análise da *República*, de Platão: "Quanto ao conteúdo do Aghaton, nada pode ser dito de maneira alguma... A transcendência do Aghaton não oferece uma regra material de conduta, mas formas de almas através de uma experiência do transcendente" (*OH III*, p. 166-67).

Voegelin e o cristianismo

Uma das áreas mais intensamente debatidas da obra de Voegelin, especialmente dentro da Direita política, é sua análise do cristianismo. Voegelin é criticado pela Direita por seu tratamento da doutrina cristã e sua aparente depreciação do cristianismo em *A Era Ecumênica.* Dizem alguns que ele não abraçou suficientemente a fé cristã, incluindo a divindade de Cristo e a Ressurreição.[24] Além disso, Voegelin colocou uma parte significativa da culpa pela crise moderna – particularmente seu caráter gnóstico – nos pés do cristianismo. Sua análise de pensadores que contribuíram para a crise do Ocidente incluem São Paulo, São Francisco de Assis e São João Evangelista. O "páthos escatológico" deles (*NSP*, p. 108) ofereceu o ímpeto espiritual para o milenarismo e outros aspectos imanentes das ideologias modernas. Os críticos cristãos de Voegelin, em resumo, o acusam de pintar o cristianismo mais como uma causa do que como uma cura da crise moderna.

Estrutura para estudar a obra de Voegelin

A abrangência histórica, o volume e a complexidade filosófica das ideias de Voegelin exigem do autor que vai explanar-lhe e analisar-lhe a obra que entrelace uma série de fios num pensamento que se expande por sessenta anos de uma carreira prodigiosamente produtiva. Os diferentes aspectos do pensamento de Voegelin podem ser mais bem analisados se as principais obras dele forem divididas em quatro partes: (1) primeiras obras; (2) *História das Ideias Políticas;* (3) *A Nova*

---

[24] Para uma discussão da análise de Voegelin do cristianismo, ver Webb, *Eric Voegelin: Philospher of History* [Eric Voegelin: Filósofo da História), p. 211-36; Também Thomas W. Heilke, *Eric Voegelin: In Quest of Reality* [Eric Voegelin: em Busca da Realidade]. Lanham, MD., Rowman & Littlefield Publishers, 1999, p. 145-77.

Ciência da Política; Ciência, Política e Gnosticismo, os primeiros três volumes de *Ordem e História*; e (4) os volumes finais de *Ordem e História.* Esse esqueleto torna mais fácil identificar e explicar as duas mudanças significativas ou desenvolvimentos em sua obra que aconteceram quando ele rompeu seu projeto *História das Ideias Políticas* e quando reviu a estrutura de *Ordem e História* depois do volume três. Se examinadas cuidadosamente, as mudanças na direção da obra de Voegelin são prova de sua busca filosófica pela verdade. Examinando sua busca de trás para frente, é evidente que sua dedicação à busca filosófica pela verdade (*zetema*) é tão ardente que é conduzida pela atração (*helkein*) da verdade (*aletheia*) em vez de pelo desejo de criar um sistema ideológico fechado de ação social e política. A consequência é que a direção e o caminho de sua obra não são retos e limitados. Há uma direção central, um foco, na sua busca, mas, ao se lhe retraçarem os passos, cria-se uma visão caleidoscópica de sua busca pela ordem. Dependendo de que parte da jornada é examinada, o quadro oferece perspectivas diferentes, mas não incongruentes.

Leitores que são estudiosos mais experientes de Voegelin encontraram algum interesse neste livro. No capítulo 7, por exemplo, os críticos de Voegelin são tratados de uma maneira que deve provocar discussão e debate entre os que partilham seu desejo de fundamentar a ciência política na realidade transcendente. No entanto, o foco deste volume é disseminar a teoria política de Voegelin a um público maior do que o que vem sendo atingido pela literatura existente. Este livro será um dos primeiros a oferecer uma introdução básica à teoria política de Voegelin; sua intenção é encorajar o estudo da obra de Voegelin, oferecendo um resumo de sua filosofia política. Se o livro levar o estudioso a explorar mais os livros e artigos de Voegelin, então terá alcançado seu objetivo principal. Dada a reputação de sua obra como intimidadora intelectualmente, se não impenetrável, um livro desse tipo se justifica como meio de facilitar o estudo de Voegelin, especialmente no nível de graduação. Mas nenhuma obra erudita, por mais bem escrita que seja, substituirá a leitura dos textos primários.

Nem um livro introdutório eliminará a frustração e dificuldade que sempre acompanham o estudo das obras de Voegelin. Obras filosoficamente profundas e penetrantes exigem um investimento de corpo e alma que tende a ser tão desafiador quanto recompensador; não há atalhos. Parte do valor dos grandes pensadores filosóficos é a luta que se deve ter para reviver-lhes a jornada existencial e imaginativa. A apreciação da obra de Voegelin exige que a pessoa refaça, em algum grau, sua jornada existencial. O que levou Voegelin a uma vida de compreensão e explicação não pode ser conhecido num pequeno período de tempo, ou pela leitura de uma monografia acerca de sua teoria política. Mas o investimento de tempo e de energia intelectual vale muito o esforço. A recompensa pelo estudo de Voegelin é a maior compreensão da crise ocidental e um encontro com uma prescrição para a restauração que está entre as mais filosoficamente penetrantes nos tempos modernos e pós-modernos. As intelecções filosóficas, política e histórica de Voegelin dão ao leitor uma compreensão teórica que se pode empregar para entender um período histórico que clama por explicação. Além disso, uma parada necessária na estrada para a pós-modernidade já é alguma compreensão do que é a modernidade e o que significa no contexto filosófico e histórico maior. Passar além da modernidade exige que as deformações ideológicas do período moderno sejam purgadas da alma e da consciência do homem ocidental. Neste quesito, Voegelin tem poucos rivais.

1. Esboço Biográfico e Primeiras Obras

Voegelin nasceu em Colônia, Alemanha, em 3 de janeiro de 1901. Sua família mudou-se para Viena quando ele tinha nove anos. Enquanto residiu na Áustria, frequentou a Universidade de Viena, onde, em 1922[1], completou seu doutorado em ciência política. Escreveu sua dissertação de doutorado "Interação e Comunidade Intelectual" (*Wechselwirkung und Gezweinung*), baseando-se na obra sociológica de Georg Simmel e Othmar Spann.[2] Durante seus estudos de doutorado, frequentou seminários de Ludwig von Mises e cultivou uma amizade duradoura com F. A. Hegel, Georg, entre outros estudantes.[3] Depois de terminar o doutorado, estudou direito

[1] Para mais informações sobre a experiência de Voegelin na Áustria, ver, de Erika Weinzierl, "Historical Commentary on the Period" [Comentário Histórico do Período], no volume 4 de *The Collected Works of Eric Voegelin* [As Obras Reunidas de Eric Voegelin], *The Autoritatian State* [O Estado Autoritário].

[2] Descreve Sandoz a dissertação de doutorado de Voegelin: "Lidava com o problema ontológico da diferença entre elaborar uma teoria social na presunção das relações recíprocas entre indivíduos autônomos ou na presunção de uma ligação espiritual preexistente entre os seres humanos, que seria percebida em suas relações interpessoais, *i.e.*, a diferença entre as teorias individualistas de Simmel e as universalistas de Spann acerca da comunidade". Ellis Sandoz, *The Voegelinian Revolution: A Biographical Introduction*. Baton Rouge, La., Louisiana State University Press, 1981, p. 38. [Em português: *A Revolução Voegeliniana: Uma Introdução Biográfica*. São Paulo, É Realizações, 2010.]

[3] Para as influências intelectuais na Universidade de Viena que fizeram parte da experiência de Voegelin como estudante e professor na década de 1920, ver Sandoz, *The Voegelinian Revolution*, p. 34-47.

constitucional alemão em Berlim e Heidelberg, antes de se tornar assistente, na Universidade de Viena, de seu mentor, Hans Kelsen, o autor da Constituição austríaca de 1920 (*OFAM*, p. xxxvi). Voegelin fez um curso de verão em Oxford, onde frequentou preleções do classicista Gilbert Murray. De 1924 a 1926 estudou em Columbia, Harvard e Wisconsin.[4] Frequentou preleções de John Dewey, Alfred North Whitehead, Irwin Edman e John R. Commons, entre outros, e também foi introduzido à filosofia escocesa do senso comum, à tradição intelectual britânica e americana e às obras de George Santayana. Essas influências contribuíram para a evolução intelectual de Voegelin.[5] Explica ele: "Foi nesse período que tive o primeiro indício do que a continuidade da tradição da filosofia clássica no nível do senso comum, sem a necessidade do aparato técnico de um Aristóteles, podia significar para a atmosfera intelectual e para a coesão da sociedade" (*AR*, p. 29, *RA*, p. 56). Essa tradição do senso comum estava notoriamente ausente da "cena social alemã" e não era muito influente na França. Seus estudos americanos inspiraram o primeiro livro, *On the Form of the American Mind (Über di Form des amerikanischen Geistes)* [Da Forma da Mente Americana], publicado em 1928, no qual ele dedica capítulos separados para Santayana e Commons.

A experiência de Voegelin foi intelectualmente formadora, causando uma transformação significativa em seu pensamento. Quando foi para a América, em 1924, era o que Gilbert Weiss descreve como um "sociólogo hermeneuta na tradição de Max Weber". Mas, enquanto estudava nos EUA, Voegelin foi profundamente influenciado pelo pragmatismo americano e pela tradição da filosofia de senso comum. Como explica Weiss: "Quando voltou dos Estados Unidos para casa, sentiu-se

[4] Sandoz, *The Voegelinian Revolution*, p. 40.

[5] Para mais informações da experiência americana de Voegelin, ver *AR*, capítulo 10, "American Influence", p. 28-33 [Em português: "Influência Americana". In: *Reflexões Autobiográficas*. Tradução de Maria Inês de Carvalho, com notas de Martim Vasques da Cunha. São Paulo: É Realizações, 2008, cap. 10, p. 55-61]. Ver também Sandoz, *The Voegelinian Revolution*, cap. 1.

consideravelmente mais livre das limitações neokantianas do pensamento de Weber, assim como dos discursos abstratos do mundo intelectual de fala alemã em geral..." (*AS*, p. 7). A metodologia neokantiana – defendida por Hans Kelsen e outros com quem Voegelin estudou – era predominante no meio intelectual vienense. Mas Voegelin veio a reconhecer que a teoria de direito de Kelsen era defeituosa.[6] Ela reduzia a teoria política a uma teoria do direito e, em particular, à lógica das normas legais. Esse tratamento da teoria política deixava de fora o que Voegelin veio a entender como essencial à ciência política – a experiência com a realidade transcendente e sua expressão simbólica. A rejeição de Voegelin ao neokantianismo é explícita em *The Authoritarian State* (1936) [O Estado Autoritário], mas já em *On the Form of the American Mind* [Da Forma da Mente Americana] Voegelin faz brotar um tratamento clássico e cristão da filosofia política assim como conceitos como "formação intelectual", que dão a substância de sua compreensão da autointerpretação e da representação como discutidas, por exemplo, em *The New Science of Politics* [A Nova Ciência da Política]. Os símbolos linguísticos empregados para articular o significado da vida numa sociedade são parte do processo de autorreflexão que revela a substância experiencial de uma unidade política. Os símbolos de autointerpretação iluminam a realidade social e política e dão uma interpretação da realidade que o filósofo político pode medir em comparação com sua compreensão teórica. Mas o tratamento neokantiano era uma variante do positivismo que fechava à investigação científica certas áreas da experiência humana. Voegelin percebeu que para penetrar no âmago dos problemas da ordem política era necessário "reconstruir todas as dimensões da ciência política" em vez de limitar a análise científica aos constrangimentos metodológicos arbitrários (*AR*, p. 22; *RA*, p. 45). A rejeição de Voegelin à metodologia neokantiana e seu movimento em direção a uma filosofia experiencialmente fundada marcam um estágio inicial no desenvolvimento de sua nova ciência da política. Como resultado de sua experiência

[6] Voegelin apresenta uma crítica considerável à teoria pura do direito de Kelsen e da metodologia neokantiana em *AS*, p. 163-212.

americana, Voegelin começou a rejeitar a moderna epistemologia e a abraçar a tradição cristã e clássica que daria forma a sua obra pelo resto da vida.[7] Como diz Weiss, para Voegelin "a realidade já não era um objeto externo determinado por uma estrutura *a priori* de um sujeito de cognição kantiano, mas um processo *de* que o homem participa numa variedade de maneiras" (*AS*, p. 8).

Depois de sua viagem aos EUA, Voegelin estudou na Sorbonne, onde se concentrou na literatura e filosofia francesas. Retornou à Áustria em 1927 e ficou interessado no desenvolvimento político de lá. Sua vida pessoal e intelectual, nesses anos, foi atingida pela influência crescente do nacional-socialismo. A guerra civil (fevereiro de 1934) e o embate de ideologias políticas levaram Voegelin a explorar os problemas das ideologias radicais. Em 1933 publicou dois livros sobre a questão racial,[8] *Race and State* (*Rasse und Staat*) [Raça e Estado] e *The History of the Race Idea* (*Die Rasseidee in der Geistesgeschichte*) [A História da Ideia de Raça]. Os nazistas tiraram de circulação *A História da Ideia de Raça* e as cópias remanescentes foram destruídas. Sua obra acerca da política e ideologia contemporâneas austríacas foi publicada em 1936 como *The Authoritarian State* (*Die Authoritäre Staat*) [O Estado Autoritário]. Também ela foi retirada de circulação pelos nazistas em 1938.

Suas obras publicadas e sua reputação fizeram dele um alvo político para os nazistas. Depois da *Anchluss*, Voegelin foi demitido de seu cargo acadêmico na Universidade de Viena e começou a planejar sua emigração. A Gestapo o investigou, mas ele evitou ser preso. Em 1938, pouco depois de Hitler invadir a Áustria, fugiu da Áustria e foi para

---

[7] Para a epistemologia de Voegelin, ver Charles Warren Burchfiels e Patrick Neal Fuller, *The Role of Faith and Love in Voegelin's Mystical Epistemology* [O Papel da Fé e do Amor na Epistemologia Mística de Voegelin]. *Humanitas* IX, n. 1, 1996, p. 35-51.

[8] Um breve relato da análise de Voegelin do problema de raça se encontra em "The Growth of the Race Idea" [O Desenvolvimento da Ideia de Raça]. *PE 1940-1952*, p. 27-61.

os Estados Unidos, via Suíça.[9] Mais ou menos à época de sua emigração, Voegelin completara *The Political Religions* [As Religiões Políticas] que deveria ser publicado em abril de 1938, um mês após a anexação nazista da Áustria. Entretanto, a ocupação nazista da Áustria redundou no confisco do livro e cessou a sua impressão. Ele foi republicado em 1939 por Bermann-Fisher e lançado em Estocolmo.

Voegelin escreveu um novo prefácio para edição de Bermann-Fisher de *As Religiões Políticas* que respondia ao desafio de Thomas Mann de que Voegelin não fora suficientemente crítico dos nazistas.[10] No novo prefácio Voegelin enfatizou sua oposição ao coletivismo e afirmou a importância de analisar cuidadosamente as raízes religiosas e espirituais do totalitarismo, em vez de proporcionar uma condenação moral de tais movimentos. Voegelin não acreditava que se engajar em "contrapropaganda ética" fosse a melhor atitude para confrontar o nacional-socialismo. Argumentava que se concentrar na condenação ética obscurecia a natureza do problema, porque "afastava a atenção do fato de que um mal mais profundo e muito mais perigoso está escondido por trás das ações eticamente condenáveis". O perigo, sentia Voegelin, era que a condenação ética sozinha deixava a impressão de que a ruptura com o código moral convencional é o âmago do mal. A profundidade do argumento anticoletivista e a resistência a movimentos como o nacional-socialismo têm de ser mais profundos. A resistência tem de penetrar nas raízes religiosas de ações e ideias moralmente abomináveis, o que oferece um fundamento muito mais filosófica e espiritualmente sólido

---

[9] Para mais informações sobre a fuga de Voegelin da Áustria, ver Barry Cooper, *Eric Voegelin and the Foundation of Modern Political Science* [Eric Voegelin e a Fundação da Ciência Política Moderna]. Columbia, Mo., University of Missouri Press, 1999, p. 1-32.

[10] *The Collected Works of Eric Voegelin* [As Obras Reunidas de Eric Voegelin]. Editado por Manfred Henningsen. vol. 5. *Modernity Without Restraint* [Modernidade sem Freio]. Columbia, Mo., University of Missouri Press, 2000, p. 1. Voegelin usou Thomas Mann como exemplo da falha do intelectual de entender crítica e espiritualmente o vazio espiritual dos intelectuais da Alemanha. Ver "The German University and German Society" [A Universidade Alemã e a Sociedade Alemã]. *PE 1966-1985*, p. 4-5.

para a oposição do que atacar o problema no nível da convenção moral: "A resistência contra uma substância satânica que não é apenas moralmente, mas religiosamente má, só pode ser obtida de uma força religiosamente boa, igualmente forte. Não se pode lutar com uma força satânica apenas com a moralidade e a humanidade". Voegelin também fazia objeção ao argumento de que o nacional-socialismo representava um retorno à "Idade das Trevas". Tal visão sugeria que as ideias iluminadas da modernidade davam proteção contra o coletivismo. No entanto, Voegelin destacava que o âmago religioso do espírito moderno, o humanitarismo, contribuíra para a ascensão do nacional-socialismo. Explicava que "a doutrina do humanitarismo é o solo onde tais movimentos religiosos anticristãos como o nacional-socialismo foram capazes de prosperar" (*PR*, p. 24). A resistência a movimentos coletivistas como o nacional-socialismo foi conduzida por indivíduos que pareciam não se dar conta de que estavam sendo intelectual e espiritualmente infectados pelo mesmo secularismo pseudoespiritual que moldou os movimentos políticos a que eles se opunham. Voegelin se deu conta de que uma resistência eficaz exigia a restauração da verdadeira espiritualidade. Ironicamente, o esforço para restaurar a verdadeira espiritualidade encontrou resistência baseada em que tal esforço era, como o nacional-socialismo, um retorno à "Idade das Trevas".

O problema do nacional-socialismo era indicativo da crise maior do Ocidente e a resposta de Voegelin a ele já estava em *The Political Religions* [As Religiões Políticas]. O problema era "a secularização da alma" e a separação da alma secular de "suas raízes na religiosidade". A reconquista só seria possível através da "renovação religiosa" e poderia "ser iniciada apenas por grandes personalidades religiosas" (idem, p. 24). O ponto de partida para a análise da crise era explicar os "movimentos de massa e intelectuais não cristãos e não nacionais em que a Europa de nações-estados cristãs estava em vias de fragmentar-se" (*SPG*, p. 5). A identificação desses movimentos e a explicação de suas características pseudoespirituais constituíram o começo da classificação de Voegelin dos movimentos políticos modernos como religiões políticas. Essa intelecção levou ao desenvolvimento do que ele chamaria mais tarde "gnosticismo", uma característica definidora da modernidade.

Os primeiros cinco livros de Voegelin e sua obra inicial são normalmente moldados pelos acontecimentos e desenvolvimentos políticos europeus contemporâneos. Sandoz explicou que "o âmago do esforço de Voegelin, o meio ao redor do qual ele criou sua pérola, surgiu em razão de sua resistência espiritual, intelectual e pessoal ao horror nazista experimentado como uma afronta profunda à sua humanidade, algo que punha em risco a própria humanidade e se identificava mais amplamente como a crise da modernidade".[11] A experiência com o totalitarismo tornou Voegelin, assim como outros exilados europeus (*e.g.*, Aleksandr Solzhenitsyn, F. A. Hayek), sensível aos problemas da autoridade do estado e da liberdade individual. Sua visão da política democrática foi colorida por essa sensibilidade. A ascensão do estado de bem-estar no Ocidente, por exemplo, foi motivo de precaução em função da estrutura paralela e da comunhão ideológica entre o liberalismo e o totalitarismo.[12] Devido a esse contexto político e pessoal, as primeiras obras de Voegelin tendiam a lidar com a política de uma maneira explícita e tendiam a carecer do grau de abstração filosófica notável em suas obras posteriores. Também carecem da profundidade filosófica de

[11] Ellis Sandoz, "Truth and the Experience of Epoch in History: A Voegelinian Perspective" [Verdade e Experiência de Época na História: uma Perspectiva Voegeliniana], *Modern Age* 38, outono de 1995, p. 9.

[12] Críticos de Voegelin, como David Walsh, consideram questionável esse aspecto de sua obra e um exagero o argumento de Voegelin. Walsh atribui a depreciação que Voegelin faz do liberalismo a seu exagero quanto à comunhão entre liberalismo e totalitarismo. O argumento de Voegelin pode ser visto como uma razão pela qual os conservadores intelectuais e políticos apreciam sua obra. A ascensão do estado de bem-estar foi condenada pelos conservadores porque redunda na destruição de grupos seccionais privados e de associações que são consideradas vitais para a liberdade e a comunidade. Eles também consideraram a ascensão do governo grande como um movimento para o totalitarismo. Ver, por exemplo, *Road to Serfdom* (O Caminho da Servidão) de Hayek, ou *The Quest for Community* [À Procura da Comunidade]. O que pode estar por trás das críticas de Walsh a Voegelin é, no fim das contas, uma intuição política significativamente diversa.

sua obra mais madura. Aspectos de seu pensamento posterior podem ser identificados nelas, mas as diferenças foram significativas o bastante para serem consideradas como constituintes de uma fase distinta de sua carreira.

Voegelin esteve de 1938 a 1958 nos Estados Unidos. Durante esse período, escreveu os volumes de *History of Political Ideas* [História das Ideias Políticas], *The New Science of Politics* [A Nova Ciência da Política], e os três primeiros volumes de *Order and History* [Ordem e História], entre outras obras eruditas. Ele se tornou cidadão americano em 1944 e lecionou por dezesseis anos na Universidade do Estado da Louisiana, depois de breves estadas no Harvard, Bennington College, e na Universidade do Alabama. Ele se mudou para Munique em 1958, depois de aceitar um cargo na Universidade de Munique como professor e diretor do Instituto de Ciência Política. Sua preleção de investidura foi publicada como *Science, Politics and Gnosticism* [Ciência, Política e Gnosticismo]. De acordo com Sandoz, uma das razões pelas quais Voegelin retornou à Alemanha foi por que ele queria criar um instituto em Munique que ajudasse a levar a democracia constitucional americana à Alemanha.[13]

Em 1964 Voegelin deu uma série de preleções acerca de Hitler e da ascensão dos nazistas.[14] Essas preleções explicavam a ascensão de Hitler ao poder, as circunstâncias em que subiu ao poder, e os efeitos da experiência nazista na Alemanha do pós-guerra e na identidade nacional alemã. As preleções de Voegelin acerca de Hitler e os Alemães são um bom exemplo de como Voegelin visava, em suas obras, diagnosticar e proporcionar uma resposta prescritiva para os problemas da

[13] Sandoz, "Truth and the Experience of Epoch in History: A Voegelinian Perspective" [Verdade e Experiência de Época na História: uma Perspectiva Voegeliniana), *Modern Age* 38, outono de 1995, p. 11.

[14] Essas preleções foram publicadas como o volume 31 de *The Collected Works of Eric Voegelin* [As Obras Reunidas de Eric Voegelin], *Hitler and the Germans*. Columbia, Mo., University of Missouri Press, 1999. [Em português: *Hitler e os Alemães*. Tradução de Elpídio Mário Dantas Fonseca. São Paulo, É Realizações, 2008 (Coleção Filosofia Atual).]

desordem. Além disso, as preleções sobre os nazistas demonstram como, ao menos para obras como essas, a filosofia política de Voegelin não estava separada da política, mas se dirigia às questões do âmago da ordem política contemporânea. Para Voegelin, o nacional-socialismo era um caso concreto de ideologia gnóstica que tomara pé numa sociedade democrática. Ilustrava a capacidade social e politicamente destrutiva do gnosticismo e a crise ocidental em seus estágios avançados.[15]

A contribuição mais valiosa de Voegelin para nossa compreensão do problema nazista foi a análise de sua dimensão espiritual. A ascensão do nazismo e o cometimento de horrores impensáveis não foram o resultado de um homem espiritualmente perturbado ou mesmo de uma elite espiritualmente perturbada. Foi necessário para a maior parte da sociedade alemã participar da ascensão nazista ao poder e das atrocidades nazistas para essas ocorrerem. Mas, argumentava Voegelin, falhou a tentativa dos aliados de fazer uma desnazificação; a culpa pelo nazismo, o povo alemão a colocou apenas na elite. Como resultado, Voegelin sugeriu que a doença espiritual que causou o problema nazista estava ainda presente na Alemanha do pós-guerra. Essa conclusão, formulada vinte anos depois do fim da guerra, não foi bem recebida pela imprensa alemã nem por alguns dos colegas de Voegelin na Universidade de Munique, e Voegelin começou a receber ameaças pessoais (*HG*, p. 1; *HA*, p. 1). Essas experiências e o clima ideológico geral na Alemanha desencorajaram seus esforços de fazer da experiência americana de democracia constitucional uma força viva na Alemanha.

Em consequência, Voegelin retornou para os EUA em 1969 para um cargo na Instituição Hoover da Universidade de Stanford, sobre guerra, revolução e paz. Ocupou o cargo de Henry Salvatori, professor emérito até 1974, o mesmo ano em que se publicou o quarto volume de *Order and History (The Ecumenic*

[15] Leitores que tendem a interessar-se mais pela História e pela política podem achar obras como *Hitler e os Alemães* mais interessantes do que a obra posterior de Voegelin acerca da filosofia da consciência.

Age) [Ordem e História – A Era Ecumênica] e outros projetos.[16] Incluindo os volumes de *History of Political Ideas* [História das Ideias Políticas], Voegelin escreveu 21 livros e mais de cem artigos. Faleceu em 19 de janeiro de 1985.

Voegelin foi descrito como um "pensador cavalheiro". Ao mesmo tempo em que se fundou nos mais altos padrões de estudo, evitou o pedantismo. Era também um homem com profundo conhecimento filosófico, e não diluía sua discussão de assuntos eruditos para agradar a audiência. Não se interessava por conversas fiadas e empregava eficientemente o tempo, não hesitando também em desafiar ideias convencionais e lugares comuns que, ele acreditava, distorciam a verdade. Mas ele abriu pelo menos uma exceção – por ocasião de sua naturalização como cidadão americano. Deram a Voegelin um manual para estudar para sua entrevista de naturalização, o qual continha informação falsa. Ele perguntou a seu amigo Robert Heilman. "Se as respostas no manual estão erradas, devo dar as respostas corretas ou o que o manual diz?" Heilman recomendou esse último, e Voegelin passou facilmente no exame. Voegelin era muito dedicado a seu trabalho e raramente, ou nunca, assistia à televisão. Lia o *The New York Times* e o *Wall Street Journal* diariamente, mas passava a maior parte do tempo escrevendo e meditando sobre o material de pesquisa. Ele se comprazia com charutos, algumas vezes enquanto banhava-se numa banheira de água fria ou trabalhava em sua pesquisa. Voegelin e sua mulher não tiveram filhos e embora ele descrevesse a si mesmo em vários períodos de sua vida como um "cristão pré-niceano", um "cristão pré-reforma" e um "humanista cristão", não pertencia a nenhuma Igreja formal.[17]

Sente-se a importância de Voegelin pelos eruditos sérios que tentaram explicar-lhe o significado. Escreve George Panichas que, "tanto na morte como na vida, Eric Voegelin

---

[16] Ver, por exemplo, os ensaios no volume 12 (*Published Essays – 1966-1985*) [Ensaios Publicados 1966-1985] de *The Collected Works of Eric Voegelin* [As Obras Reunidas de Eric Voegelin].

[17] Robert Heilman, *The Professor and the Profession* [O Professor e a Profissão]. Columbia, Mo., University of Missouri Press, 1999, p. 85-102.

permanece um *spoudaios*, um homem maduro; um *sophos*, um sábio; e acima de tudo, o *aristos phylax*, o melhor guardião de um mundo civilizado de razão, dignidade e ordem".[18] Lewis P. Simpson o chamou de "sacerdote" pelo que ele queria dizer, citando Herbert M. Read, "intelectuais que dedicam a vida a causas não mundanas, ao cultivo da mente e do espírito".[19] Gerhart Niemeyer disse que "Eric Voegelin nos guiou a uma compreensão do que é o caráter de nosso tempo, através de suas distinções claras entre ideologia e filosofia, gnosticismo e ordem".[20] Ellis Sandoz descreveu Voegelin e sua obra deste modo:

> [Voegelin é] um homem de vasto conhecimento, grande intelecto, coragem, energia e vigor, alguém cujo humor sutil e intelecção imaginativa vivificam o domínio enciclopédico de sua obra com a vitalidade da verdade presente e a emoção da nova visão. Pensador valente, devastador tanto no debate oral como na crítica escrita, inflexível em expor falácias, charlatanismo, e intenção assassina de ideólogos de todas as bandeiras, Voegelin é, no entanto, tão ferozmente não sentimental e supremamente sensível ao movimento do espírito em todas as suas roupagens, à força positiva da realidade através de cuja beneficência a existência humana é gentilmente agraciada com esperança, bondade, e um módico de ordem. Dominou a vida como a prática de morrer, e a velhice o encontra sereno. Isso é simplesmente para dizer que Voegelin é um filósofo e continuamos seus devedores porque ele tanto amou a sabedoria divina.[21]

---

[18] George A. Panichas, "The New York Times and Eric Voegelin" [O New York Times e Eric Voegelin]. *Modern Age* 29, primavera de 1985, p. 103.

[19] Lewis P. Simpson, "Voegelin and the Story of the Clerks" [Voegelin e a História dos Sacerdotes). In: *Eric Voegelin's Significance for the Modern Mind* [O Significado de Eric Voegelin para a Mente Moderna]. Editado por Ellis Sandoz. Baton Rouge, La., Louisiana State University Press, 1991, p. 71.

[20] Gerhardt Niemeyer, "Greatness in Political Science: Eric Voegelin (1901-1985)" [Grandeza na Ciência Política: Eric Voegelin (1901-1985)], *Modern Age* 29, primavera de 1985, p. 109.

[21] Sandoz, *The Voegelinian Revolution* [A Revolução Voegeliniana], p. 88.

O que molda e anima as obras de Voegelin é o mesmo problema que influenciou a obra de outros pensadores do século XX, como Irving Babbitt, Walter Lippmann, C. S. Lewis, T. S. Elliot,[22] Aleksandr Solzhenitsyn e Albert Camus.[23] Cada um a seu modo, esses pensadores estavam respondendo à crise ocidental como uma crise espiritual; o discurso de Solzhenitsyn em Harvard em 1978, "Um mundo dividido", é a exposição clássica dessa intelecção. O que é interessante notar acerca do diagnóstico desses pensadores é não apenas que eles classificam o problema como espiritual, mas que resistem à visão convencional de que por serem as sociedades totalitárias da Guerra Fria tão corruptas, as sociedades ocidentais são espiritualmente saudáveis. Voegelin, como Solzhenitsyn, reconheceu um elemento comum na desordem do Ocidente e do Oriente. A desordem espiritual do Oriente e do Ocidente pode ter se manifestado de diferentes maneiras, mas sua fonte foi fundamentalmente a mesma: as deformações ideológicas que foram engendradas na Era do Iluminismo.

A análise de Voegelin da crise ocidental começa com o reconhecimento de que a crise fora identificada por uma variedade de pensadores, começando no século XVIII. Num sentido, a crise remontava a Scotus Erígena no século IX e à especulação trinitária da História por Joaquim de Fiore (Flora) no século XII.[24] A crise do Ocidente, então, abarcou um período de mil anos, e nos últimos trezentos anos produziu-se um corpo significativo de literatura, para identificá-la e explicá-la.

Então, como disse Voegelin: "Não se pode negar que os teóricos do declínio têm razão, no todo" (*NSP*, p. 128). Mas dois

---

[22] Ver James W. Tuttleton, "T. S. Elliot and the Crisis of the Modern" [T. S. Elliot e a Crise da Modernidade]. *Modern Age* 31, verão/outono de 1987, p. 275-283.

[23] O ensaio de Russell Nieli, "The Cry Against Nineveh: Whittaker Chambers and Eric Voegelin on the Crisis of Western Modernity" [Um Grito contra Nínive: Whittaker Chambers e Eric Voegelin Acerca da Crise da Modernidade Ocidental], *Modern Age* 31, verão/outono de 1987, p. 267-274, é uma das mais interessantes comparações entre Voegelin e outro pensador da crise ocidental.

[24] Para a análise de Voegelin de Scotus Erígena, ver *HPI IV* (*Renaissance and Reformation*) [Renascença e Reforma], p. 151-57.

fatores separaram a análise de Voegelin da crise do Ocidente da análise da maioria dos pensadores do século XVIII e XIX que ele discutiu. Primeiro, Voegelin tinha a vantagem de estar escrevendo do ponto de vista de um pensador do século XX. Os pensadores do século XVIII e XIX estavam diante da dificuldade de entender a crise da perspectiva de seus estágios iniciais. Eles compreenderam que era uma crise espiritual, mas não tinham a vantagem de testemunhar os efeitos do cientificismo ou o desalojamento avançado do cristianismo. Em particular, eles não tinham a vantagem de ver a crise culminar na forma do assassinato em massa totalitário. Segundo, a resposta de Voegelin à crise de *desdivinação* não era para divinizar o homem ou matar Deus, como foi o caso de pensadores modernos como Marx e Nietzsche. A resposta terapêutica de Voegelin não foi de maneira alguma um sistema ideológico, mas, em vez disso, foi uma abertura para o fundamento transcendente do ser. Ao contrário dos pensadores do século XVIII que reconheceram a crise moderna, sua resposta não foi uma rejeição das filosofias clássica e cristã, mas uma reconstituição das intelecções filosóficas proporcionadas pelos representantes da tradição mediterrânea como Platão, Aristóteles, Agostinho e Aquino.

2. A Crise do Ocidente

Discussões entre eruditos, críticos sociais e líderes políticos concernentes à crise do Ocidente têm sido muito comuns no século XX, mas sua caracterização e a análise correspondente são variadas. O que causa confusão, especialmente nos Estados Unidos, é o êxito avassalador do Ocidente em vencer inimigos estrangeiros como a Alemanha nazista e a Rússia soviética, e o progresso notável do Ocidente na ciência natural, tecnologia, produção econômica e riqueza material. É difícil para alguns até mesmo imaginar que sob essas condições pode haver uma crise que ponha em perigo a própria sobrevivência da ordem social e política do Ocidente. Tais reclamos são provavelmente considerados alarmistas, hiperbólicos ou extremistas, e são, em consequência, desconsiderados. A reação ao discurso de Aleksandr Solzhenitsyn em Harvard é um exemplo. Solzhenitsyn, como Voegelin, identificou a desordem espiritual espalhada na vida ocidental e americana. Para ele, assim como para Voegelin, desordens sociais tais como crime, uso de drogas, altas taxas de divórcio e um materialismo desenfreado refletiam a alienação do homem em relação à transcendência, e a crença geral de que a felicidade humana pode ser alcançada sem submissão a uma autoridade mais alta do que o desejo humano. Em resposta aos comentários de Solzhenitsyn, a primeira-dama Rosalynn Carter expressou seu desapontamento quanto à caracterização que ele fez da cultura americana.

Num discurso no Clube da Imprensa Nacional, ela comentou que "Alexander Solzhenitsyn diz que pode sentir a pressão do mal em nosso país... Bem, eu não sinto de maneira nenhuma essa pressão do mal". Acrescentou: "Posso dizer-lhes categoricamente: o povo deste país não é fraco nem covarde e espiritualmente exausto".[1] Grandes jornais como o *The New York Times* e o *Washington Post* também opinaram que Solzhenitsyn não compreendia a cultura americana.[2]

Voegelin, como Solzhenitsyn, teve de lutar com os que negavam que a desordem social do século XX era sintomática de uma crise civilizacional mais profunda. Ele também enfrentou o problema que muitos que reconheceram que a crise existia caracterizaram mal, ao deixarem de identificar-lhe as raízes espirituais. Na verdade, o discurso de uma crise espiritual é tipicamente considerado impróprio a uma sociedade liberal progressiva em que a vida espiritual é tratada como matéria de escolha pessoal e não tem lugar nos negócios públicos. Muitos críticos culturais parecem não querer considerar a conexão entre crise institucional e falência espiritual. Em consequência, a análise e resposta prescritiva deles são moldadas pelos mesmos fatores ideológicos que causam a crise.[3] Muitos intelectuais liberais fazem objeção ao totalitarismo, mas não conseguem perceber que sua própria disposição ideológica comunga com um fundamento comum ao comunismo e ao nazismo.[4] Essa comunidade levou Voegelin a afirmar:

---

[1] Discurso de Rosalynn Carter no Clube da Imprensa Nacional, em 20 de junho de 1978.

[2] Exemplos de editoriais reagindo ao discurso de Solzhenitsyn foram transcritos no livro de Ronald Berman, *Solzhenitsyn at Harvard* [Solzhenitsyn em Harvard]. Washington, D.C., Ethics and Public Policy Center, 1980, p. 23-29.

[3] Um exemplo de tal pensador é Hannah Arendt. Ver a recensão de Voegelin a *The Origins of Totalitarianism* [As Origens do Totalitarismo]. *PE 1953-1965*, p. 15-23.

[4] Voegelin aponta que o progressivismo liberal e as ideologias totalitárias como o comunismo comungam da mesma tradição intelectual e são, de fato, pontos diferentes do mesmo *continuum* ideológico. Ele explica que "não se pode negar a consistência imanente e a honestidade [da] transição do liberalismo para o comunismo; se se entender o liberalismo como a salvação imanente do homem e da sociedade, o comunismo é certamente sua expressão mais radical; é uma evolução que já fora antecipada pela fé de John Stuart Mill no advento final

"A verdadeira linha divisória na crise contemporânea não está entre liberais e totalitários, mas entre os transcendentalistas religiosos e filosóficos de um lado e os sectários imanentistas totalitários e liberais do outro lado" (*PE 1953-1965*, p. 22).[5]

A compreensão de Voegelin da crise da cultura ocidental pode ainda ser diferenciada da dos outros. Por exemplo, para ele a crise é mais do que um problema de alfabetização cultural ou instituições sociais e políticas disfuncionais.[6] Por mais perturbador que possa ser que os americanos, em particular, e os ocidentais, em geral, estão alienados de sua herança política e cultural, a essência da crise é espiritual; é uma crise religiosa. Sistemas sociais e políticos não podem tratar eficazmente da crise corrente, a não ser que se moldem e acompanhem da verdade da existência espiritual do homem. Pois a crise é uma perda da primeira ordem, é algo que ameaça o próprio significado do mundo ocidental; suas consequências não são menos do que a perda da consciência da realidade que leva, em seus estágios mais avançados, ao assassinato em massa totalitário e à destruição existencial. É em vão que em tais condições políticas e sociais se focalizem exclusivamente os remédios institucionais ou as formas democráticas. Voegelin tratou desse ponto no contexto da discussão da resposta de Platão à desordem de Atenas: "Quando a desintegração moral e espiritual de uma sociedade chegou à fase de destruição iminente, chegou

---

do comunismo para a humanidade" (*NSP*, p. 175). Em outro contexto escreve ele que "as pessoas se chocam com os horrores da guerra e com as atrocidades nazistas, mas são incapazes de ver que esses horrores não são mais do que uma tradução, ao nível físico, dos horrores intelectuais e espirituais que caracterizam a civilização progressiva em sua 'fase pacífica'" (*OH III*, p. 202, n. 4).

[5] Poder-se-ia acrescentar a distinção de Voegelin de que a divisão também inclui aquela entre os verdadeiros e os falsos transcendentalistas.

[6] Acerca de alfabetização cultural, ver E. D. Hirsch, Jr., *Cultural Literacy* [Alfabetização Cultural], Boston, Houghton Mifflin, 1987. Acerca de nossas instituições políticas e sociais disfuncionais, ver James MacGregor Burns, *The Deadlock of Democracy* [O Impasse da Democaria], Englewood Cliffs, N.J., Prentice Hall, 1967; Arthur M. Schlesinger Jr., *The Imperial Presidency* [A Presidência Mundial], Nova York, Houghton Nifflin, 1973. Voegelin enfatizou que a crise não é primariamente de instituições políticas e sociais em sua recensão a *The Origins of Totalitarianism* [As Origens do Totalitarismo], *PE 1953-1965*, p. 15.

o tempo das medidas de emergência que suplantarão todas as formas constitucionais. Platão compreendia que a natureza e agudeza da crise exigia uma governo extraconstitucional de homens..."(*OH III*, p. 215).

Muitos eruditos e críticos sociais conseguiram identificar os sintomas primários da crise ocidental – *e.g.*, guerras mundiais, desintegração social, liderança política corrupta – mas poucos, como Voegelin, penetraram em seu espírito animador. Ele remonta a vida da crise a sua concepção existencial, política, ideológica e histórica, em vez de apenas reagir aos sintomas visíveis na vida contemporânea com recomendações de política pública ou condenação moral. A corrida ansiosa para encontrar soluções políticas imediatas à crise é, em si mesma, parte da doença do ocidente. Há precondições filosóficas e intelectuais para a restauração da civilização ocidental. Voegelin passou toda uma vida construindo uma estrutura filosófica que poderia servir como fundamento para a reconquista da ordem.

Caracterizando a crise do Ocidente

Voegelin não quer dizer com "a crise da civilização ocidental" um "acontecimento que ocorre num ponto definido do tempo". Ao contrário, "é um processo que se estende hoje por mais de um século e meio e que, pelo que sabemos, pode ser estendido por outro século. A crise não pertence ao passado, é um presente vivo. Todo dia ela adiciona algo a nossa experiência de sua extensão e profundidade, e, à luz dessas experiências, somos compelidos, se queremos compreendê-la, a reavaliar as fases passadas da crise" (*FER*, p. 74). A obra de Voegelin faz exatamente isso, trazendo à luz pensadores, ideias e experiências que contribuíram para a crise. Nesse sentido, ele fornece a genealogia da desordem ocidental, o que exige que pensadores, ideias e experiências históricas a que sempre se deu uma escassa importância ou atenção imprópria pelos eruditos sejam colocados em seu contexto apropriado. Um exemplo de tal figura é Auguste Comte (1798-1857). Afirma Voegelin que Comte "é a primeira grande figura da crise ocidental" e se refere a ele como "um ditador espiritual da humanidade" (idem, p. 74-75). Junto de outras figuras do século XVIII como d'Alembert, Voltaire, Diderot, Bentham e Turgot, Comte e seus cúmplices "mutilaram a ideia de homem para além do reconhecimento". Voegelin descreve a mutilação como a "redução do homem e de sua vida a um nível de existência utilitária" (idem, p. 95), atitude ubíqua na cultura ocidental contemporânea. Essa mutilação incluiu a perda da compreensão cristã de humanidade. De acordo com Voegelin,

> Surge a necessidade de substituir a realidade transcendental por uma evocação intramundana que supostamente deve preencher as funções de realidade transcendental para o tipo de homem imaturo. Em consequência, o significado não apenas da ideia de homem, mas também da ideia de humanidade, mudou. A ideia cristã de humanidade é a ideia de uma comunidade cuja substância consiste no Espírito de que participam os membros; a *homonoia* dos membros, sua afinidade através do Espírito que se tornou carne em todos e em cada um deles, une-os numa comunidade universal de humanidade. (Idem, p. 95-96)

Indivíduos como Turgot, Voltaire, Diderot e Bentham transpõem a ideia cristã e clássica de homem de tal maneira que depreciam sua natureza espiritual. A comunidade espiritual dos indivíduos que compartilham uma afinidade é transposta a uma *masse totale*, no pensamento ideológico de Turgot. Na visão utilitária, os seres humanos têm valor na proporção de sua contribuição para o progresso. A decadência espiritual, evidente nessa perspectiva, dá origem a ideologias como o positivismo, que cria mais corrupção espiritual. A crise é então, em última análise, existencial. A restauração, embora possível, parece improvável num futuro imediato. A reconquista da consciência transcendente é difícil não apenas nas sociedades totalitárias e pós-totalitárias, mas até mesmo nos EUA, onde Voegelin notou que esforços para a restauração têm de enfrentar "a pressão destruidora de almas do credo progressivo" (idem, p. 102). No entanto, Voegelin era inexorável quanto à obrigação de resistir à crise espiritual: "Ninguém é obrigado a tomar parte na crise espiritual de uma sociedade; ao contrário, cada um é obrigado a evitar essa tolice e viver sua vida em ordem" (*SPG*, p. 22-23).

Ao contrário de muitos eruditos que reconhecem a crise, Voegelin não viu a "política" como solução. Explicou que "sabemos hoje que a crise não é uma perturbação política, no sentido estrito de poderes políticos, que podem ser estabelecidos por guerras e tratados de paz subsequentes. Sabemos que é essencialmente uma crise do espírito e estamos a par, hoje, de algumas das tentativas de uma solução desse problema através de religiões políticas como o nacional-socialismo e o marxismo" (*FER*, p. 74).

A análise diagnóstica do que aconteceu de errado é parte da resposta prescritiva que Voegelin deu. Saber o que deforma a ordem ajudou a esclarecer o que cria a ordem. A deformação da ordem era, afinal de contas, o movimento que se afastava da experiência de ordem, que se afastava do *realissimum* (o realíssimo: o fundamento divino). A restauração não era um caso de retorno ao "conteúdo específico de uma tentativa anterior" de restaurar a ordem, mas, ao contrário, "um retorno à consciência dos princípios". E o objetivo não era "uma renascença literária de façanhas do passado". Ao contrário, "os princípios têm de ser reconquistados por um trabalho de teorização, que começa da situação histórica concreta do período, levando em conta a completa amplitude de nosso conhecimento empírico" (*NSP*, p. 2-3). A restauração não foi apenas um caso de reconquista de experiências-símbolos de transcendência histórica. Exigia "a reordenação meditativa das experiências motivadoras de evocações simbólicas do passado", o que era um empreendimento filosófico.[7]

[7] Moulakis, Introdução do editor (*HPI I*, p. 54-55).

As origens da crise do Ocidente, de acordo com Voegelin, podem ser traçadas nos escritos do século XII de Joaquim de Flora. Joaquim de Flora foi "um monge calabrês do século XII, que fundou uma nova ordem religiosa, [e] deu à civilização ocidental a periodização da história em três estágios, que tornou possível a conceptualização da própria modernidade. A divisão que Joaquim fez da história em Idades do Pai, do Filho e do Espírito Santo foi a precursora da periodização de Flavio Biondo em história antiga, medieval e moderna, e das teorizações do Terceiro Reinado em Condorcet, Comte, Marx, Lenin e Hitler" (idem, p. vi). Joaquim criou uma "consciência de época" (*FER*, p. 3) – uma atitude de que uma nova era tinha começado, que uma nova ordem era uma cristandade imanentizada (ou inteiramente terrena). Voegelin descreveu a crise espiritual como uma perda da consciência transcendente que começou com o historicismo imanentista de Joaquim e degenerou, séculos depois, na rejeição positivista da realidade transcendente.

Voegelin apontou para duas incompreensões relativas à crise do Ocidente. Primeiro foi a suposição de que a crise poderia ser descrita pela informação acerca da verdade. A segunda foi que se poderia "conseguir uma reforma por um líder bem-intencionado que recrutasse seus seguidores entre as mesmas pessoas, cuja confusão moral é a fonte da desordem" (*OH III*, p. 59). Este segundo ponto foi motivo da sobriedade quanto à possibilidade de restauração através da ação política – elaboração de leis, política pública, decisões da Suprema Corte. Fundando-se na filosofia política de Platão, Voegelin acreditava que somente almas ordenadas poderiam restaurar a ordem social e política. "A desordem da sociedade", escreveu ele, "é uma doença na psique de seus membros" (idem, p. 124). A qualidade de uma ordem política refletia o caráter ético da classe reinante. "A verdadeira alternativa seria a restauração da substância espiritual nos grupos reinantes de uma sociedade, com a consequente restauração da força moral na criação de uma ordem social justa" (*FER*, p. 180). Voegelin pôs, assim, na filosofia sua esperança de restauração, e não na política, pois era a filosofia que tinha a capacidade de regenerar a liderança política e, a seu turno, a ordem política e social.

A filosofia foi especialmente importante na ordenação das almas da classe reinante. Mas a filosofia tem de ser compreendida corretamente. "Filosofia não é uma doutrina da ordem correta, mas a luz da sabedoria que cai na luta; e ajuda não é uma informação acerca da verdade, mas o esforço estrênuo de localizar as forças do mal e identificar-lhes a natureza" (*OH III*, p. 117). Platão, por exemplo, "não oferece receitas para a conduta moral; e quanto ao paradigma correto da vida, ele não vai além de uma dica de que em tais matérias o meio (*to meson*) é preferível" (idem, p. 111). A filosofia é a resistência da alma contra a desordem. Uma pessoa cuja alma seja bem-ordenada, como Platão, pode evocar um paradigma da ordem social justa na imagem de sua alma bem-ordenada (idem, p. 123). Esse é o centro espiritual de resistência à desordem e o começo da restauração da ordem.

O que torna a restauração difícil é a força social da crise. A maior parte dos indivíduos não é capaz de ordenar suas almas e resistir à desordem. Viver uma vida de harmonia com o transcendente numa sociedade desordenada é uma ato de grande coragem, e, em consequência, Voegelin não levava em conta a possibilidade de uma restauração populista. Observou ele: "O homem é essencialmente social; viver na verdade contra a aparência quando o poder da sociedade é voltado para o lado da aparência é um fardo para a alma, impossível de carregar, para a maioria; difícil de suportar, para a minoria" (idem, p. 133). Num passo que parecia descrever o Ocidente contemporâneo, acrescentou Voegelin que "a pressão para a conformidade externa penetra a alma e a compele a dotar a *doxa* [opinião] experiencialmente com *aletheia* [verdade ou *episteme*]. O último passo seria a completa cegueira da alma, ao amputar – através de treino psicológico organizado – o recurso restaurador à experiência do transcendente como o encontramos nos modernos movimentos políticos de massa" (idem, p. 133-34). Este "último passo", é, na avaliação de Voegelin, onde está a crise de Ocidente. Em suma, indivíduos são amputados da experiência da transcendência, ou do divino, e a restauração da ordem exige a reconquista da experiência transcendente na consciência humana.

A parte principal do diagnóstico de Voegelin quanto à crise ocidental é sua identificação de pensadores que contribuíram para essa amputação do transcendente. O medo da filosofia é o resultado de Marx e Engels "terem medo de o reconhecimento de uma análise conceitual crítica poder levar ao reconhecimento de um 'contexto total', de uma ordem de ser e talvez até de uma ordem cósmica, a que suas existências particulares se subordinariam" (*FER*, p. 260-61). Voegelin esclareceu este ponto, ao comentar que "[n]ossa análise nos levou mais próximo e mais fundo no estrato da doença marxista, que é a revolta contra Deus" (idem, p. 261). A obra de Marx era, em consequência, "falta de significação teórica", mas "transbordante de *páthos* revolucionário" (idem, p. 263). Atraía indivíduos de mente revolucionária que estavam impacientes com o mundo como ele é, e que buscavam uma solução para todos os problemas sociais. Marx oferecia um sistema ideológico que era legítimo apenas se fossem aceitos seus dogmas ideológicos. Sua obra não era teoria no sentido em que a filosofia política de Platão era teoria; era "especulação pseudológica" (idem, p. 264).[8] Ou seja, havia um componente racional ou lógico na teoria de Marx, mas era especulação lógica quanto a um fragmento da realidade que pretendia ser o todo da realidade. Nesse sentido, o marxismo não descrevia uma realidade ontológica; criava um mito falso. O marxismo não podia ser verificado pela experiência humana, mas, ao contrário, construía uma segunda ou pseudorrealidade que, se aceita, tomava vida própria com consequências políticas e sociais reais. Como resultado, a aceitação de doutrinas marxistas foi o fim

[8] Voegelin define "especulação pseudológica" por três elementos: "(1) que a especulação desse tipo é teoria apenas na aparência, não na realidade; (2) que, na intenção do pensador que se dedica a ela, significava especulação teorética verdadeira; (3) que historicamente pressupõe a existência de uma verdadeira filosofia do *logos* que fornece a matéria que pode ser traduzida em forma pseudológica" (*FER*, p. 264).

da discussão racional. Não havia nenhum fundamento filosófico sobre o qual se pudessem discutir as asserções de Marx; as asserções eram o fundamento e estavam para além da discussão crítica. A especulação pseudológica de Marx e Engels incluía a ideia de que "liberdade", como explicava Engels, "'consiste no domínio do homem sobre si mesmo e a natureza externa que está baseada em seu conhecimento da necessidade natural'. A liberdade do homem avança com os descobrimentos tecnológicos". Engels apontou especificamente o desenvolvimento da máquina a vapor como descobrimento tecnológico importante que transformaria a existência humana. Essa ausência de clareza filosófica, combinada com a imanentização da escatologia cristã, era absurda; afirmou Voegelin: "Cristo, o Redentor, é substituído pela máquina a vapor como a promessa de um reinado por vir" (idem, p. 267).

Deve-se enfatizar que o tratamento que Voegelin deu à crise ocidental era realista, mas esperançoso. O capítulo final de *A Nova Ciência da Política*, por exemplo, é intitulado "O fim da modernidade". Alguns leitores de sua obra tendem a caracterizá-la como "pessimista" – ou "negativa", para usar o jargão contemporâneo. Não há dúvida de que, ao diagnosticar a crise ocidental, Voegelin não se dedicou a uma descrição eufemística do problema. Quando muito, ele superestimou a influência e o escopo da crise. No entanto, não são possíveis soluções eficazes a não ser que o problema seja diagnosticado com precisão, e, muito embora outros eruditos possam fornecer prescrições superiores, são impossíveis respostas eficazes à doença moderna, se não se referirem à desordem espiritual que Voegelin identificou.

Outro ponto importante quanto à resposta de Voegelin à crise ocidental é que ele não defendia um retorno a uma idade de ouro do passado que possa ser engendrada por uma ressurreição de grandes textos literários. Ele deixou claro que restauração não significava uma "renascença literária" no sentido de estudar grandes livros. O objetivo da restauração era uma transformação da consciência que orientava e harmonizava a alma com o fundamento divino. Isso significava que a restauração não era uma questão da aceitação intelectual do conteúdo específico de representações passadas de ordem, como se fossem dogmas (*NSP*, p. 2). Tal retorno ao passado era irreal, se não indesejável. Exigiria a recriação das condições culturais e históricas em que um estado particular de ordem política ou social existiu. A glória de pouca duração de Atenas, por exemplo, não foi algo que pudesse ser replicado em outros contextos históricos. O verdadeiro, o bom e o belo têm de ser redescobertos e reconstituídos em cada época histórica.

Se é esse o caso, então que relevância tem o passado para a busca contemporânea de ordem? O que faz do passado uma força viva no presente é a estrutura equivalente de consciência, que é a mesma em todos os pontos históricos. Porque a natureza humana é permanente e o processo de descobrimento da realidade é equivalente, descobrimentos prévios da verdade podem iluminar a busca presente de ordem, ao direcioná-la na busca do fundamento divino do ser. Voegelin explicou que "todas as experiências do fundamento são experiências exatas de participação, mesmo que elas possam diferir entre si consideravelmente sobre as escalas de verdade de compactação e de diferenciação... As equivalências dos símbolos que emergem do fluxo de participação levam, finalmente, ao retorno amoroso aos símbolos do passado, já que eles expressam fases da mesma consciência na presença da qual o pensador se acha" (*A*, p. 158-59). É essa qualidade de consciência que Voegelin vê como fundamental para a restauração da ordem. A linguagem específica dos símbolos que são empregados para expressar o estado de consciência não deve ser confundida com seu espírito animador. Símbolos de linguagem são importantes porque são a casca que preserva o espírito, mas não são a própria força ordenante. Os símbolos são evocativos; convidam a uma busca pelo espírito e estado de consciência que os engendrou. A reconquista da ordem é questão de despertar espiritual que exige a imitação imaginativa da experiência passada, porque essa experiência corporifica a substância espiritual que ordena a alma.

Narrativas específicas da verdade são unidas, em alguns casos, pelas circunstâncias históricas que as engendraram. Como essas mudam, símbolos de linguagem específicos podem perder sua relevância para a vida contemporânea. Mas isso não significa que a realidade transcendente mudou. Ao contrário, significa que a universalidade é preservada não no conteúdo de símbolos, mas em sua experiência engendradora, uma experiência do *Para Além* divino. A presença do *Para Além* divino na experiência histórica é absorvida pela alma aberta que procura a luz dele. O que se ganha é a força espiritual para resistir à desordem, não um plano ou regra de conduta. O conteúdo literário de expressões passadas da verdade pode ou não ser relevante para a busca contemporânea da boa sociedade. Mas o que é sempre relevante para a busca da ordem é a substância espiritual que vive na experiência histórica e espera acordar a alma espiritualmente sensível que procura o próprio alimento.

A realidade de diferenciação – ou seja, a penetração numa compreensão mais profunda da realidade – também retorna ao passado morto como oposto ao passado vivo impossível. Diferenças podem ser descarriladas, mas não podem ser desfeitas. Por exemplo, não podemos desfazer a diferenciação representada pelo cristianismo e retornar ao estado de consciência e política que existia no Ocidente pré-cristão. Voegelin discute esse problema no contexto da diferenciação na ordem israelita da história e em sua relação com o Deus transcendente do mundo. "A história, uma vez transformada ontologicamente em real através da revelação, leva consigo a direção irreversível desde a existência compacta na forma cosmológica até o reino de Deus" (*OH I*, p. 518). O que se pode fazer é restaurar a compreensão da verdade acerca da ordem que, embora derivada em várias circunstâncias históricas, contém um elemento de permanência e universalidade que, como uma força viva, pode ordenar as almas e iluminar a verdade acerca da realidade.

3. A História das Ideias Políticas

Seguindo a conclusão de seus cinco primeiros livros (*On the Form of the American Mind* [Da Forma da Mente Americana], *Race and State* [Raça e Estado], *The History of the Race Idea* [História da Ideia de Raça], *The Authoritarian State* [O Estado Autoritário] *e The Political Religions* [As Religiões Políticas]), Voegelin entrou no que se pode considerar uma segunda e nova fase de sua erudição, que corresponde à sua emigração para os Estados Unidos e sua obra acerca da *História das Ideias Políticas.* Sua fuga dos nazistas e a experiência do totalitarismo na Europa lhe tinham dado o contexto imediato para suas primeiras obras, mas, depois de chegar aos EUA, seu próximo projeto importante foi o resultado da tentativa de Fritz Morstein-Marx de fazê-lo escrever um manual introdutório de teoria política para a McGraw-Hill.[1] O objetivo comercial era produzir um texto que competisse com o manual padrão de teoria política ao tempo: *History of Political Theory* [História da Teoria Política] (1937), de George H. Sabine e a obra de três volumes de William A. Dunning.[2] Voegelin trabalhou nesse projeto

[1] Morstein-Marx era um cientista político a quem Voegelin encontrou em Harvard. Ver *AR* p. 62-69 – *RA*, p. 101-08, para a história do projeto de *História das Ideias Políticas* e por que Voegelin o abandonou.

[2] *A History of Political Theories: Ancient and Medieval* (1902), *A History of Political Theories, from Luther to Montesquieu* (1905), e *A History of Political Theories, form Rousseau to Spencer* (1920) [Uma história das Teorias Políticas:

que depois veio a se transformar nos múltiplos volumes de *História das Ideias Políticas*, de 1939 a 1954.

Diferenças significativas separam a *História das Ideias Políticas* de Voegelin das obras de Dunning e Sabine.[3] O tratamento enciclopédico e descritivo que deram absteve-se da análise teorética e julgamento crítico, o que estava em primeiro plano no tratamento de Voegelin da filosofia política.[4] Em consequência, eles falharam em tratar da crise do Ocidente e de suas dimensões espirituais. Para Voegelin, só valia a pena analisar o material histórico porque era relevante – e, para Voegelin, o critério de relevância era a prescrição de uma intelecção na busca universal de ordem e a crise do Ocidente, em particular. Como ele afirmaria mais tarde em *The World of the Polis* [O Mundo da Pólis]: "A humanidade não é constituída através de uma pesquisa de fenômenos nem mesmo pelo mais erudito historiador, mas através da experiência de ordem na presença sob Deus" (*OH II*, p. 82). Educação era para Voegelin a arte platônica da *periagoge*, a direção da alma para o fundamento divino e o afastamento dela da indolência e desolação do mundo

---

Antiguidade e Medievo (1902), Uma História das Teorias Políticas, de Lutero a Montesquieu (1905), e Uma História das Teorias Políticas, de Rousseau a Spencer (1920)].

[3] O texto de Sabine é amplamente expositivo e está escrito da perspectiva do "relativismo social" (prefácio à primeira edição). Enfoca a relação entre o pensamento político e as instituições políticas. Não analisa a evolução de ideias políticas, relacionando-as com a participação humana na realidade transcendente. Nem apresenta intelecções das conexões entre a ordem existencial e a ordem política. Não é de surpreender, dada a própria descrição de Sabine acerca de sua orientação intelectual. Sabine descreve suas "preferências filosóficas" como consistentes com a crítica de Hume do direito natural: "é impossível por qualquer operação lógica excogitar a verdade de qualquer alegação de fato, e nem a lógica nem o fato implica um valor" (prefácio à primeira edição). Os valores são apenas criações de "preferências humanas" num meio físico e social específico. Dado o tratamento de Sabine da história da teoria política, não é de admirar que Voegelin estivesse interessado em produzir um texto rival. O livro de Sabine não tem nenhuma força animadora filosófica nem diagnóstica que não seja a apresentação de uma narrativa enciclopédica da história da teoria política.

[4] O tributo de Voegelin das obras do século XX de história de teoria política é tratado em *Political Theory and the Pattern of General History* [Teoria Política e o Padrão de História Geral] (*PE 1940-1952*, p. 157-67).

(*PE 1966-1985*, p. 22). A *História das Ideias Políticas* foi escrito com essa concepção de educação em mente.

Voegelin começou a trabalhar a seu modo através de fontes históricas, começando com os gregos antigos, como maneira de elaborar um estudo de ideias políticas que iria além da história descritiva e trataria das dimensões espirituais da crise ocidental. Descobriu que o projeto era muito mais complicado do que imaginara inicialmente. Exigia que ele traçasse fontes históricas até suas raízes intelectuais, o que exigia novas habilidades linguísticas como o hebraico e o chinês, e se tornou claro que era indefensável começar a *História das Ideias Políticas* com os gregos. Como explica Voegelin: "A teoria da evocação da pólis tem quase o caráter de um impasse, e a principal corrente de ideias vai das evocações assírias, egípcias, persas e judaicas através do período helenístico até as evocações do império... A narrativa histórica tem de começar, portanto, ao menos com os primeiros impérios do Oriente Próximo, e um bom ponto poderia ser mesmo fazer começar com uma análise dos estágios mais primitivos da sociedade humana, porque seus traços podem ser encontrados na história posterior" (*HPI I*, p. 235-36). Voegelin pretendia que sua obra se dirigisse pelas "linhas que conectam uma situação evocativa a outra". Essas linhas de conexão dariam significado ao desenvolvimento histórico de ideias e dariam uma estrutura ao projeto de Voegelin. "Trazer cuidadosamente as linhas de conexão parece ser a tarefa mais importante, porque, de outra forma, a história está em perigo de degenerar numa coleção de ensaios sobre importantes façanhas teoréticas que não são mantidas juntas senão pelas capas de um livro" (idem, p. 236). Desse modo, a organização e análise do estudo de ideias políticas é um dos aspectos essenciais do estudo de Voegelin das ideias políticas, e o que o diferencia de obras como as de Sabine e Dunning.

Passaram-se anos e o manuscrito não publicado chegou a mais de quatro mil páginas.[5] Em 1975, a parte final de

[5] Sandoz, *The Voegelinian Revolution* [A Revolução Voegeliniana], p. 76-77.

História, a obra de Voegelin sobre os séculos XVIII e XIX, foi publicada com o título *From Enlightnment to Revolution* [Do Iluminismo à Revolução]. Nenhum outro volume apareceu até 22 anos depois (1997), mais de uma década depois da morte de Voegelin.[6]

A decisão de abandonar o projeto de *História das Ideias Políticas* surgiu quando o estudo estava aproximando-se do fim e a análise alcançara o século XIX. Confessa Voegelin:

> No decorrer do trabalho, foi ficando evidente que a limitação que se impõe a uma história das ideias – a convenção de situar seu princípio na filosofia grega clássica e fazê-la terminar com certas ideologias contemporâneas – era indefensável... descobrira que não se pode versar corretamente sobre a Idade Média e a política medieval sem antes conhecer, muito mais do que eu conhecia à época, as origens do cristianismo; percebi também que a compreensão dos primeiros séculos do cristianismo não é completa sem um aprofundamento de seu lastro judaico... Com esses estudos sobre o contexto israelita, o modelo de uma história das ideias que começa com a filosofia grega já viera abaixo... O quadro histórico já se expandira para abarcar os impérios do Antigo Oriente Próximo, dos quais emergiu Israel, que, por sua vez, foi o pano de fundo do cristianismo, e este o pano de fundo das ideias da Idade Média. O modelo de um desenvolvimento linear das ideias políticas, de um suposto constitucionalismo de Platão e Aristóteles, passando por um duvidoso constitucionalismo medieval e culminando no esplêndido constitucionalismo da era moderna, sucumbiu. (*AR*, p. 62-63; *RA*, p. 101-102)

Sua compreensão desse problema foi mais desenvolvida em *The World of the Polis* [O Mundo da Pólis]. Aí ele afirma que

6 Partes da *História das Ideias Políticas* foram publicadas como artigos. *From Enlightnment to Revolution* [Do Iluminismo à Revolução] aparece como volume 26 (*Crisis and the Apocalypse of Man* [Crise e Apocalipse do Homem]), em *The Collected Works of Eric Voegelin* [As Obras Escolhidas de Eric Voegelin].

se pode traçar as origens e evolução do constitucionalismo nas obras de Platão e Aristóteles, por exemplo, mas apenas se se for erradamente eletivo com o material histórico.[7] Então, *Ordem e História* é não apenas um tratamento alternativo à história do constitucionalismo, mas uma rejeição dela, pois Voegelin acreditava que esse tipo de historiografia desprezava a ciência de ordem em que Platão e Aristóteles basearam seu diagnóstico de desordem em Atenas. Se, para o propósito de criar uma história de constitucionalismo os paradigmas deles de ordem forem separados da ciência deles, engendradora de ordem, então, esses paradigmas serão compreendidos erradamente como formas primitivas de constitucionalismo. De fato, arguia Voegelin, a criação teorética da melhor pólis tem sentido apenas à medida que seja vista como o aparecimento de uma filosofia de ordem que representa o declínio e restauração da ordem (*OH II*, p. 98-99). A concepção de Platão de história de que a "restauração da ordem só poderia vir de uma alma que se ordenara a si mesma pela sintonia com a medida divina" (idem, p. 109) é a intelecção crítica faltante da análise histórica que enfoca exclusivamente instituições ou ideias. Vista desse contexto, a exploração clássica do que constitui a melhor pólis não pode ser considerada o começo do constitucionalismo ou um passo na história do desenvolvimento do melhor tipo de sistema político, pois o estudo da ordem e história não é primariamente acerca do descobrimento das ideias corretas ou das instituições para a criação do melhor regime. Ao contrário, a experiência histórica com a ordem e sua expressão simbólica revela um nível de consciência transcendente que se pode reconquistar e que serve de força vivificadora no mundo contemporâneo. As formas institucionais que melhor

[7] A rejeição de Voegelin a um tratamento da história que enfoque o desenvolvimento e a evolução do constitucionalismo se reflete em sua observação depreciativa de que "se estabeleceu uma convenção na historiografia das 'ideias políticas', para desprezar as preocupações intensas da filosofia clássica de ordem e para substituí-las pelos interesses restritos do constitucionalismo moderno" (*OH II*, p. 98-99). De certo modo essa afirmação representa uma rejeição do próprio estudo de Voegelin acerca da história das ideias políticas.

servem às necessidades de ordem e justiça não podem ser determinadas fora deste estado de consciência transcendente e ordem na alma. Omitir uma análise da compreensão de Platão e Aristóteles da vida da alma e da consciência transcendente de uma narração da teoria deles sobre o desenvolvimento das instituições políticas obscurece a contribuição da filosofia grega – especialmente o princípio antropológico de Platão – à história da humanidade e à luta pela ordem através da sintonia.

Somou-se à decisão de Voegelin de abandonar o projeto a sua descoberta de que "a concepção de uma história das ideias era uma deformação ideológica da realidade. Não haveria ideias se antes não houvesse símbolos de *experiências* imediatas" (*AR*, p. 63; *RA*, p. 102). Ou seja. Voegelin se deu conta de que as ideias não deviam ser tratadas como "objetos de uma história" (*AR*, p. 80; *RA*, p. 123). A descoberta de que o projeto era insustentável não ocorreu apenas uma vez; o ponto crítico foi alcançado em 1951 enquanto Voegelin estava preparando as *Preleções Walgreen* que subsequentemente seriam publicadas como *A Nova Ciência da Política*. Então começou a terceira fase da obra de Voegelin. Deste ponto em diante, ele enfatizaria a importância de experiências com a transcendência como a força ordenadora nas sociedades políticas. Para descobrir essas experiências é necessário entender os símbolos que são criados para articulá-las: "Os homens valem-se de símbolos para expressar suas experiências, e os símbolos são a chave para compreender essas experiências" (*AR*, p. 80; *RA*, p. 124). Ideias podem separar-se de suas experiências engendradoras e como entidades independentes se tornam deformadas em uma de duas maneiras. O primeiro tipo de deformação é a retificação num dogma ou doutrina. O segundo tipo é a abstração, que priva as ideias de seu fundamento no significado. Além disso, as ideias, uma vez separadas de suas raízes experienciais, estão sujeitas a reconstruções ideológicas. A proliferação de "ismos" no século XIX representa uma variedade de fragmentos de realidade que seus proponentes consideram ser toda a realidade. Uma ideia é, em outras palavras, uma ou duas vezes removida da primeira substância da realidade, *i.e.*, a experiência engendradora. Uma vez assim formulado, torna-se manifesto que as ideias não são o cerne da realidade, mas construções maleáveis de clareza variável. Na terminologia de Voegelin, ideias destacadas de realidade experiencial são "segundas realidades" (*PE 1966-1985*, p. 36-51). A experiência, então, é um fundamento muito mais confiável para um estudo filosófico da ordem política. (Há inconvenientes na posição de Voegelin de que a experiência tem primazia sobre as ideias, doutrinas e dogmas. O capítulo 7 tratará dessa questão.)

O abandono de Voegelin do projeto de *História das Ideias políticas* levou-a a ser eclipsada pelo projeto de *Ordem e História.*

Mas a publicação recente dos volumes da *História das Ideias Políticas* renovou o interesse nela e pode mudar sua percepção. Convém repetir que uma das razões para a obscuridade de Voegelin é que ele não escreveu para um leitor despreparado. Sua obra posterior é particularmente difícil para o novato. Seguir simplesmente os argumentos de Voegelin, para não dizer nada de examiná-los criticamente, exige um domínio de material histórico e filosófico que a maior parte dos indivíduos não possui. Mas os volumes da *História das Ideias Políticas* têm a vantagem de ser mais acessíveis do que a obra posterior de Voegelin, especialmente os dois últimos volumes de *Ordem e História.*

A verdadeira contribuição da *História das Ideias Políticas* para o *corpus* de estudos de Voegelin logo aparece. Voegelin tenta mudar o foco da ciência e análise política dos mecanismos de poder e institucionais para os fundamentos espirituais da ordem política e social. O foco na *História das ideias políticas*, Voegelin o explica na introdução:

> Estabelecer um governo é um ensaio na criação de um mundo. Da vastidão sem forma dos desejos humanos conflitantes surge um pequeno mundo de ordem, uma analogia cósmica, um *cosmion*, levando uma vida

> precária sob a pressão de forças destrutivas de dentro e de fora, e mantendo sua existência pela ameaça última e aplicação de violência contra os descumpridores internos de suas leis, assim como do agressor externo. A aplicação de violência, entretanto, é o último recurso para se criar e preservar uma ordem política, não é sua razão última: a função própria da ordem é a criação de um abrigo em que o homem possa dar a sua vida uma aparência de significado. (*HPI I*, p. 225)

É precisamente essa "função de abrigo" e a concomitante busca de significado na comunidade social e política que Voegelin enfatiza na *História das Ideias Políticas*. Voegelin segue o método aristotélico de ciência política, ao começar sua análise com os símbolos autointerpretativos de uma sociedade particular – por exemplo, "justiça", "alegria", "cidadão". Uma vez que esses símbolos tenham sido compreendidos, podem ser medidos em comparação com a linguagem de símbolos do filósofo político. Pode acontecer que a "verdade" como expressa pelos símbolos autointerpretativos da sociedade esteja em desacordo com a "verdade" do filósofo político. Nesse caso, o próprio filósofo político está em desacordo com a sociedade e vive em tensão com ela. O que o filósofo político tem para dizer quanto à ordem da sociedade e da justiça pode deixar inquietos e inseguros os líderes e o povo dessa sociedade. A verdade que o filósofo político oferece frequentemente é rejeitada porque o caminho que ela ilumina está para além da força existencial da sociedade. As consequências para o filósofo político, em tais circunstâncias, vão num *continuum*, desde a morte, como no caso de Sócrates, até simplesmente ser desprezado.

A busca do significado na história leva Voegelin a um estudo das tentativas particulares em várias sociedades de "racionalizar a função de abrigo do *cosmion*" (idem, p. 225). Essas racionalizações, como um todo, formam a história das ideias políticas. Elas são o lugar, por assim dizer, da busca das autointerpretações de pensadores que lutaram para entender o significado da existência deles. As ideias políticas, em outras palavras, revelam o significado da história como entendida pelos indivíduos que a experienciam. Acrescenta Voegelin que enquanto "[o] escopo e os pormenores dessas ideias variam muito... a estrutura geral delas permanece a mesma ao longo da história; assim como a função de abrigo que estão [destinadas] a racionalizar continua a mesma" (idem, p. 225-26). O propósito dos símbolos de linguagem é "constituir a realidade", que, para as ideias políticas, significa evocar "uma unidade política, o *cosmion* de ordem, na existência" (idem, p. 228-29).

"Evocação", "função de abrigo" e "*cosmion*" são conceitos interconectados essenciais à compreensão dos argumentos de Voegelin na *História*, pois eles fornecem uma estrutura para a análise que ele faz das ideias políticas. Voegelin começa sua introdução à *História das Ideias Políticas*, explicando o processo pelo qual a ordem política é criada daquilo que não parece ser mais da desordem sem sentido. O "pequeno mundo de ordem" que a política cria sugere que os indivíduos que criam essa política e vivem nela estão a par da existência dela, e, em consequência, enfrentam o problema de sobrevivência e tudo o que ele implica. Mas, ao contrário de Hobbes, Voegelin não reduz a política, a psicologia humana, ou a condição humana à simples luta pela sobrevivência. O significado, ao menos até certo ponto, é algo que pode ser descoberto na existência histórica; de fato, a *raison d'être* última para as sociedades políticas não é a mera existência ou a mera sobrevivência, mas a busca de ordem e significado (idem, p. 225). A busca de ordem e a busca correspondente de significado que define a função de abrigo cria a substância da história. Entretanto, a função de abrigo do *cosmion* ocorre não apenas na história, mas tem de ser "racionalizada" através do uso de ideias políticas. O processo de racionalização pretende dar significado ao que, de outra maneira, seria uma existência sem sentido. A busca de ordem e significado e suas expressões pode ser encontrada em três tipos de ideias: "Ideias concernentes à constituição do cosmos como um todo; as ideias concernentes à ordem interna; [e] as ideias concernentes ao *status* do *cosmion* no mundo simultâneo e na sua história" (idem, p. 226). Ou seja, as ideias políticas são criadas para racionalizar a função de obra do *cosmion*.

Por "evocação" Voegelin quer dizer a sociedade política como um *cosmion* chamado à existência. "O propósito primeiro das ideias políticas é evocar a unidade política, o *cosmion* da ordem, à existência; uma vez que esse propósito seja alcançado, o *cosmion* é uma força política e social na história..." (idem, p. 229). Nesse sentido, as ideias políticas não são uma "descrição de uma unidade política, mas um instrumento de sua criação". A evocação, então, é o ato de chamar à existência uma unidade política e suas partes, e é a esse aspecto das ideias políticas que Voegelin se refere como o "poder evocativo da linguagem". A "função primeira dos símbolos de linguagem é constituir a realidade..." (idem, p. 228). Ou seja, apesar de as ideias serem empregadas para descrever a realidade ou mesmo escondê-la da percepção humana, Voegelin enfatiza a função que as ideias políticas exercem na *constituição* da realidade. É por causa dessa habilidade que as ideias políticas se tornam destrutivas quando tomam a forma de sonhos utópicos, pois as ideias utópicas tentam efetivamente abolir o *cosmion* pela transformação da natureza humana.

Uma vez que um *cosmion* político é evocado – ou seja, uma vez que a sociedade politicamente organizada passa a existir – é mais do que óbvio que ela não dura para sempre. Por quê? Voegelin argui que as ideias políticas empregadas para evocar a sociedade politicamente organizada podem perder seu poder ou poder evocativo. Como explica ele: "Quando a mágica perdeu seu encanto e se torna transparente a fachada do governo, o observador desiludido não pode descobrir nada, mas age determinado pela tradição... e interesse e libido de poder. E o desencantamento, tendo alcançado esse estágio, dá origem a um espírito de revolta contra um estado de coisas injusto e cruelmente materialista" (idem, p. 230).[8]

[8] Neste passo, Voegelin atribui à tradição uma característica arbitrária que indica, em parte, porque ele recusava o rótulo de "conservador" ou "tradicionalista".

Essa descrição aplica-se a vários exemplos históricos que Voegelin discute em *História das Ideias Políticas*, mas tem sua maior relevância quando aplicada à crise ocidental. Ele conclui a introdução à *História*, tratando da questão da nova evocação no Ocidente, que pode ser interpretada como rejeições do período atual de "nacionalismo radical", "Está crescendo a [s]uspeita de que a ideia do estado nacional possa estar decaindo e que, há pelo menos dois séculos, novos tipos de evocação estejam sendo desenvolvidos vagarosa, mas distintamente" (idem, p. 237). Se Voegelin estiver correto, a era histórica de estados-nações que parece tão incrustada na consciência política do Ocidente pode estar entrando em seu estágio final de vida histórica. Em outras palavras, a civilização ocidental pode ter alcançado seu zênite e estar experimentando agora um processo de declínio longo e vagaroso.

Uma história das ideias políticas tem de, em algum tempo, confrontar a questão do significado histórico. Voegelin foi coerente ao longo de toda a sua obra ao insistir que o significado último da história é um mistério impenetrável pela compreensão humana. Nos volumes da *História das Ideias Políticas*, ele tem uma crítica dura para os que, como Hegel e Marx, defendem a tese oposta. Mas isso não significa que a história ou o desenvolvimento histórico das ideias políticas é sem sentido. Ao passo que "nenhuma linha de evolução se pode traçar de um ponto de partida até o presente" (idem, p. 233), "longos períodos de história são cobertos pelos mesmos tipos básicos de evocação... E todo processo evocativo tem de lidar com os mesmos problemas básicos, linhas de tradição, e desenvolvimento de problemas teoréticos... passando de um período evocativo para outro. O processo interno dentro de um período evocativo e o processo de tradição de um período a outro preencherão a estrutura geral bruta da história" (idem, p. 235).

Ele parece descartar a possibilidade de a tradição poder efetivamente corporificar o universal. Ele falha ao não fazer distinções qualitativas entre tradições, *e.g.*, as que simplesmente mascaram a *libido dominandi* e as que refletem experiência com a realidade transcendente.

De fato, isso fica claro quando se leem os volumes da *História das Ideias Políticas.* Não se tem a sensação de que ideias desconexas e acontecimentos históricos estejam sendo explorados, mas, ao contrário, que eles são interconectados de uma maneira que explica como se desenvolveu a ordem social e política do Ocidente. Voegelin demonstra como não são possíveis as ideias contemporâneas sem seus antecedentes históricos e traça linhas contínuas de pensamento de uma maneira que enfatiza o aspecto original e politicamente formativo da história das ideias. Por exemplo, Marx não é possível sem uma lista de pensadores como Voltaire, Helvetius, Comte, Bakunin, Hegel e Feuerbach. Fornecer o contexto histórico e ideológico das ideias de um pensador particular ilumina comunidades ideológicas entre pensadores que são parte da mesma tradição intelectual. Também permite que Voegelin demonstre conexões importantes entre pensadores aparentemente não relacionados. Um desses exemplos é Marcos do Evangelho e Karl Marx (idem, p. 157). É parasitária a relação entre pensadores gnósticos como Marx e o cristianismo; ele mina a vida espiritual do cristianismo e, por fim, o substitui pelo marxismo – a existência do cristianismo e sua morte são necessárias para o marxismo viver.[9] O conceito de Marx de "emancipação" é uma deformação da alma, como é o caso da *metanoia.* Marx apresenta uma transformação social que é baseada em condições materiais. Entender as conexões teoréticas entre cristianismo e marxismo quanto a isso ajuda a iluminar o significado de ideias modernas como "justiça social" e por que elas são o produto de almas que perderam seu sentido de espiritualidade cristã autêntica.[10]

[9] Como explica Voegelin posteriormente, a diferenciação corre o risco de descarrilamento e deformação. Uma compreensão mais iluminada da realidade não é garantia de que a vida social e política será ordenada segundo ela.

[10] É claro que quando alguém como o papa João Paulo II fala em "justiça social", isso não significa necessariamente que ele esteja espiritualmente corrupto. Mas a disputa de Voegelin seria que essa linguagem tem por trás de si um estado de consciência ideologicamente formado, o qual é inconsistente com a verdadeira espiritualidade que o papa está tentando comunicar. Que o papa use a linguagem de "justiça social" e termos relacionados indica a extensão da crise ocidental. Ele pode não pretender o significado ideológico de tais termos, mas esses, no entanto, tendem a evocar o estado de desordem espiritual que os produziu.

Uma das partes mais intrigantes da *História das Ideias Políticas* é a seção acerca de Cícero. A avaliação que Voegelin faz das ideias políticas de Cícero não é o que se poderia esperar, dada a reputação de Cícero na história ocidental como um grande estadista e pensador. Voegelin deprecia a reputação de Cícero de uma maneira que ajuda a explicar por que Voegelin considera o conservadorismo e o tradicionalismo como ideologias secundárias. Também ilustra a originalidade de sua análise na *História* e seu compromisso com a pesquisa filosófica, em oposição à habilidade política do estadista. Voegelin começa sua crítica a Cícero, afirmando que:

> sua clareza é uma clareza de fórmulas, não de pensamento; não apenas ele não é um pensador original, mas expressamente se recusa a sê-lo; ir ao cerne de um problema não é ocupação de um cavalheiro ativo na política, mas o negócio de um "mestre-escola". Sua obra é inteiramente desprovida da falta de clareza sublime de uma grande mente, lutando com seu problema, engajada fanaticamente em sua busca pela estrutura da realidade, mais feliz em descobrir um problema do que em resolvê-lo. Não há problemas em Cícero; sempre que há um problema insolente o bastante para subir à superfície, a mão firme do cônsul romano e imperador investe contra ele e o coloca sob o jugo de sua linguagem autoritária. (Idem, p. 131)

Em suma, Cícero não é filosófico. Ele está muito preocupado com política para se engajar verdadeiramente no pensamento filosófico. Isso é evidente em seus dois diálogos, *República* e *Leis*, ambos imitações superficiais das obras de Platão. "Cícero não é Platão; sua *República* não cria uma pólis derivada dos poderes de sua alma, e sua *Leis* não marca um novo nível espiritual de desenvolvimento, mas é simplesmente um segundo volume que lida com a matéria que não foi tratada no primeiro" (idem, p. 132). Platão é um verdadeiro filósofo porque identifica a crise espiritual de Atenas e penetra no cerne existencial dos problemas de ordem. Ele reconhece as falhas na ordem ateniense e procura retificá-las na alma dele. Cícero, por outro lado, não tem nenhuma necessidade de criar um regime melhor ou identificar as falhas de Roma porque "Roma é o estado ideal; tudo o que ele tem de fazer é descrever a Constituição e a lei religiosa e civil de Roma... Roma é o ideal materializado" (idem, p. 135). Entretanto, o papel do filósofo político não é reconhecer as inadequações da ordem existente. A política não pode realizar plenamente o paradigma da ordem criada pelo filósofo, mas é, não obstante, dever do filósofo criar tensão entre a ordem da cidade e a ordem da alma do filósofo. Cícero recusa essa tarefa. Para Cícero, Roma é tão grande que "nenhuma indagação das condições espirituais e materiais da existência de uma comunidade política é desejável nem necessária". A consequência da teoria política de Cícero é que os problemas da política são tratados "apenas dentro da estrutura de um governo existente". Esse tratamento despreza o que Voegelin considera central na política e na ciência política: "A estrutura mítica e emocional de uma comunidade política". Além disso, o tratamento que Cícero dá à ordem política levou a duas más compreensões na ordem Ocidental contemporânea: "A lei é a base da sociedade política" e "o governo verdadeiro é possível apenas pelo consentimento dos governados" (idem, p. 136-37).

A ideia que Cícero tem da lei como fundamento da análise política e da política despreza o problema da evocação que origina a lei. A evocação engendradora que precede a criação das instituições legais revela o campo de significado em que os seres humanos se representam na ordem mais ampla. Convenções legais são, pelo menos, um degrau removido da evocação engendradora e, então, não podem ser, por si mesmas, o horizonte completo da realidade política. Como Cícero falha em penetrar no nível filosófico mais alto, como teórico político, ele é inferior a pensadores com Platão ou Heráclito, que eram, por contraste, profundamente filosóficos, ampliando "o abismo entre o filósofo e as massas" (*OH II*, p. 303).

4. A Ciência da Política

A Nova Ciência da Política foi publicada no momento crítico entre a *História das Ideias Políticas* e *Ordem e História.* Faz um resumo de *Ordem e História* e liga a obra de Voegelin sobre a *História das Ideias Políticas* ao desenvolvimento de sua filosofia da consciência. Como tal, é uma boa introdução à teoria política de Voegelin. *A Nova Ciência da Política* é também a tentativa de Voegelin de restaurar a ciência política a seu significado original. Neste livro, Voegelin põe em xeque o fundamento positivista em que o estudo moderno se assenta e propõe a restauração da ciência clássica, encontrada no pensamento político de Platão e Aristóteles.

Para restaurar a ciência política em seu sentido clássico, primeiro foi necessário que Voegelin explicasse por que o positivismo não é um fundamento apropriado para o estudo da política. O positivismo é inadequado por duas razões principais: subordina à metodologia a busca da verdade e está fechado para a realidade transcendente. Voegelin também explica por que as suposições clássicas acerca da política são superiores a essas suposições positivistas. Ao fornecer tal argumento, Voegelin não chega a criar uma *nova* ciência da política, mas dá a estrutura para a restauração da ciência política clássica num contexto moderno. Sua esperança era de que tal estrutura libertaria o estudo da política do domínio de sistemas ideológicos.

O positivismo é um desses sistemas ideológicos – e, para o estudo da política, o mais hostil deles.

Em *A Nova Ciência da Política*, Voegelin também critica os fundamentos do liberalismo, que ele encontra nas obras de Hobbes. Para Voegelin, Hobbes é representativo de pensadores modernos, que eliminam tipicamente a base transcendente da vida política e social na análise teorética que fazem. O resultado é a primeira compreensão errada de que padece o moderno pensamento liberal: a tentativa de criar uma ordem social e política que não tem fundamento na realidade ética. O que quer que Hobbes e outros pensadores liberais possam dizer, as coisas da alma estão inextricavelmente ligadas à ordem política e social. Remover da ciência política a fonte transcendente de ordem não muda a realidade ontológica que Platão explicou por meio do paralelo entre a cidade e a alma, pois o princípio antropológico que Platão diferencia é uma parte central da condição humana. Não é uma opinião que teóricos possam pegar ou deixar, baseados em preferência pessoal. Apesar de tudo, Hobbes tenta remover da vida política o *summum bonum*. Fazer isso exige que no nível da teoria algo tenha de substituir o fundamento transcendente como força orientadora da ordem social e existencial.[1] Como Voegelin formula a questão em sua análise de Hobbes: "Com a [remoção] do *summum bonum*... desaparece da vida humana a fonte de ordem; e não apenas da vida do homem individual, mas também da vida em sociedade; pois... a ordem da vida em comunidade depende da *homonoia*; no sentido cristão e aristotélico, ou seja, da participação no *noûs comum*. Hobbes, portanto, está diante do problema de elaborar uma ordem de sociedade com indivíduos isolados que não estão orientados para um propósito comum, mas motivados apenas por suas paixões individuais" (*NSP*, p. 180). Em Hobbes, é o medo a paixão comum que ordena a vida social e política; o *summum bonum* é substituído pelo *summum malum*.

---

[1] Voegelin argumentou em seu ensaio "Necessary Moral Bases for Communication in a Democracy" [Bases Morais Necessárias para a Comunicação numa Democracia] que "[a] série de possibilidades teoréticas para encontrar substitutos para o *summum bonum* está, em princípio, exaurida" (*PE 1953-1965*, p. 57).

A natureza do cientificismo e sua genealogia

"O cientificismo" é uma ideologia fundada na suposição de que os fatos podem ser distinguidos dos valores.[2] Segundo tal visão, os fatos derivam do método científico, ao passo que os valores são produto de elaborações (opiniões) humanas não críticas, tais como a religião, a tradição e o preconceito. A distinção fato-valor tem para si que a realidade pode ser conhecida quando é fragmentada do todo universal a que suas partes pertencem. Uma vez separados do todo e vistos como objetos, os fatos são classificados como conhecimento empírico. Se liberada dos constrangimentos dos valores e fundada no método científico, a razão humana é capaz de descobrir verdades empíricas úteis não só ao progresso material, mas também ao progresso social e político. Assim como o *summum malum* substituiu o *summum bonum* no pensamento político de Hobbes, no cientificismo a razão científica e o correspondente método científico substituíram a *noûs* e a *homonoia* como a substância formadora da comunidade da natureza humana. Na visão científica, o progresso social e político é fundado na ideia de que o método científico oferece um padrão universal para o descobrimento da verdade. Então, a verdade obtida cientificamente fornece um corpo de conhecimento que é o fundamento do consenso social e político. Todos os seres humanos são tidos por racional e igualmente capazes de empregar o método científico e entender o conhecimento que resulta de seu cumprimento.

O conflito na sociedade humana se deve às diferenças de opinião, uma confrontação de valores. O cientificismo afirma que o método científico pode eliminar tais conflitos porque proporciona uma compreensão "científica" da realidade com que todos os indivíduos racionais podem concordar. Uma vez que o método científico seja amplamente empregado, as diferenças

---

[2] A análise seguinte do cientificismo é baseada em "Logophobia" [Logofobia], de Michael P. Federici, *The Intercollegiate Review* 35, outono de 1999, p. 14-21. Voegelin emprega alternadamente os termos "cientificismo" e "positivismo".

de opinião – e o correspondente conflito social e político que causam – murcharão. Ou seja, o desentendimento e o conflito desaparecerão do mesmo modo que o fazem entre matemáticos que apresentam provas matemáticas. Dado um corpo aceito de princípios e métodos matemáticos, ou a prova funciona ou falha. No processo de descobrimento da verdade matemática, não há lugar para opinião ou julgamento subjetivo. A estrutura da realidade matemática, representada por princípios e leis matemáticas, é fixa e tomada como um dado. A aplicação errônea do princípio é possível, mas os próprios princípios não são matéria de opinião. Uma vez que se estabeleça a verdade ou falha da prova, não há base para o desentendimento.

Francis Bacon, Thomas Hobbes e René Descartes influenciaram os desenvolvimentos primeiros do cientificismo positivista de maneira importante.[3] Bacon, em particular, promoveu a noção de que o método científico foi o fundamento de uma nova civilização. O emprego adequado do método científico purgaria a mente de um indivíduo de influências não científicas e o levaria à aquisição de conhecimento. Portanto, Bacon forneceu o fundamento teórico da revolução científica. Mas as implicações sociais e políticas dessa visão, embora reconhecidas por Bacon, foram mais explicitamente desenvolvidas por Hobbes e positivistas posteriores como Saint-Simon e Auguste Comte. A doutrina ideológica comum a todos os aspectos dos movimentos positivistas foi que o método científico poderia levar a um crescente domínio humano da natureza e que ocorreria uma subsequente e dramática transformação econômica, política e social.[4]

Mas o desenvolvimento histórico do positivismo não ocorreu sem problemas. À medida que o positivismo se desenvolveu e estimulou a industrialização, houve progresso material,

[3] Ver, por exemplo a *Nova Atlântida* de Bacon (1627).

[4] Voegelin refere-se a esse aspecto revolucionário do positivismo como uma "revolta apostática". Há o sentimento na mente positivista de que uma nova ordem está emergindo e que substituirá a ordem existente. No contexto histórico em que se desenvolve o positivismo, a revolta apostática significa o destronamento do cristianismo pelas ideologias modernas (Ver *HPI VI*, p. 9-14).

mas o desenvolvimento moral e social previsto provou ser ilusório. Uma razão para a falta de progresso moral foi que o positivismo minou o fundamento moral judaico-cristão então existente na cultura ocidental. O tratamento racional-científico dos primeiros positivistas teve o efeito de tirar da vida pública o cristianismo. É claro, é patente a incompatibilidade teorética entre o positivismo e o cristianismo. Os elementos metafísicos do cristianismo, que reconhecem a existência de uma realidade transcendente, não podem harmonizar-se com os métodos ou princípios do positivismo. Além disso, o poder destruidor do positivismo aumentou com o fato de ele ter surgido na história ocidental numa época em que as experiências engendradoras da fé cristã estavam perdendo sua força cultural. Como resultado, a sociedade ocidental se tornou vulnerável às ideologias emergentes. Em particular, não podia suportar a pressão do materialismo newtoniano. Voegelin explicou, por exemplo, o efeito da publicação do livro de Newton *Philosophia Naturalis Principia Mathematica* (1687): "Para uma geração espiritualmente fraca e confusa, esse acontecimento transformou o Universo numa grande máquina de matéria morta, fazendo seu percurso de acordo com as leis inexoráveis da mecânica de Newton. A Terra era um canto insignificante dessa grande máquina e os seres humanos um átomo ainda mais insignificante desse canto" (*HPI VI*, p. 164). A fé cristã na realidade metafísica, nos reinos invisíveis da vida, perdeu sua vitalidade sob a pressão da física mecanicista de Newton.

De acordo com Voegelin, o processo de destituir o cristianismo teve duas fases. A primeira foi a "desespiritualização" ou a destruição da consciência judaico-cristã. Mas os indivíduos estavam abertos "à reespiritualização, partindo de fontes não cristãs", incluindo ideologias políticas radicais como o nacionalismo, humanitarianismo, biologismo e psicologismo. Os primeiros positivistas como Saint-Simon e Comte preencheram o vácuo espiritual com uma nova religião intramundana de humanidade em que assumiram os papéis de padre, profeta, papa e Deus encarnado. Os positivistas religiosos, como Comte, levaram o movimento a seu estágio final e empurraram a crise do Ocidente para um novo nível de deformação espiritual. Os primeiros positivistas removeram as matérias espirituais do campo de ação da ciência; os positivistas posteriores preencheram o vácuo espiritual com religiões políticas imanentizadas.[5] Voegelin explica a destituição do cristianismo pelas ideologias políticas modernas como símbolos de linguagem sendo separados de suas raízes experienciais. O racionalismo "destrói os significados transcendentais dos símbolos tomados do mundo dos sentidos. No curso dessa 'desdivinização' (*Entgötterung*) do mundo, os símbolos do sentido perdem sua transparência para a realidade transcendental; eles se tornaram opacos e já não são revelatórios da imersão do mundo finito na transcendência". Os símbolos cristãos se tornam "opacos" como resultado de mudanças do "centro ativo de vida intelectual" "para o plano de nosso conhecimento do mundo externo" (*FER*, p. 21-25). Como consequência, os símbolos de realidade transcendente perderam sua relevância para a vida e significado públicos ou foram julgados por critérios utilitaristas. Não foram considerados expressões de verdade acerca da realidade. Uma vez que o cristianismo perdeu seu lugar de autoridade e de unificação na civilização ocidental, o vácuo espiritual poderia ser preenchido pelas pseudorreligiões da ideologia moderna (idem, p. 3). Visto nesse contexto filosófico e histórico, o cientificismo é tanto uma deformação da realidade como parte de um movimento histórico maior que contribuiu para a perda da consciência transcendental. Tem papel preponderante na desordem da era moderna.

Crítica ao cientificismo

Voegelin identifica o século XVIII, a era do iluminismo, como o contexto histórico próprio para compreender o

[5] Neste contexto, Voegelin explica que "Comte pertence, com Marx, Lênin e Hitler, à série de homens que salvariam a humanidade e a si mesmos pela divinização da existência particular deles e impondo a lei dela como a nova ordem da sociedade. O apocalipse satânico do homem começa com Comte e se tornou a assinatura da crise do Ocidente" (*FE*, p. 159).

cientificismo. Três aspectos do iluminismo são particularmente importantes a esse respeito: "Uma negação do valor cognitivo das experiências espirituais", "a atrofia das experiências transcendentais cristãs", e uma tentativa de "entronar o método newtoniano de ciência como o único método válido de se chegar à verdade" (*FER*, p. 3). A consequência desses dogmas do iluminismo foi a fusão de duas suposições: primeira, que os métodos das ciências matemáticas são inerentemente superiores aos outros métodos e que o sucesso das ciências naturais poderia ser duplicado por outras áreas de ciência se utilizassem esses métodos; segundo (a mais perigosa), que os métodos das ciências naturais eram a medida da relevância teorética em todas as áreas da ciência. A combinação dessas duas suposições deu origem a uma série comum de asserções: "[Um] estudo da realidade só se poderia qualificar como científico se empregasse os métodos das ciências naturais, que problemas expressos em outros termos eram problemas ilusórios, que, em particular, não se devem fazer perguntas metafísicas que não admitam respostas pelos métodos das ciências dos fenômenos, que os reinos do ser que não estão acessíveis à exploração pelos métodos do modelo eram irrelevantes, e, no extremo, que tais reinos do ser não existiam" (*NSP*, p. 4).

Enquanto o cientificismo está aberto para a verdade e existência de uma realidade material objetiva, está fechado para a realidade espiritual da vida interior experimentada através da participação no transcendente e expressa simbolicamente através do mito, da revelação, da história e da filosofia. Enquanto positivistas como Comte certamente incluem matérias espirituais em sua obra, não é uma espiritualidade transcendental, mas uma espiritualidade imanente secular, uma pseudoespiritualidade.[6] Como explica Voegelin, na visão positivista "o

[6] Notar, como exemplo, a transformação que Comte fez do amor cristão em altruísmo. Ver Voegelin, *From Enlightenment to Revolution* [Do Iluminismo à Revolução], Durham, N.C., Duke University Press, 1975, p. 155; e Voegelin, *Science, Politics and Gnosticism* [Ciência, Política e Gnosticismo], Chicago, Regnery Gateway, 1968, p. 85.

horizonte do homem está estritamente delimitado pelos fatos e pelas leis dos fenômenos; (...) Se deuses existem, certamente não se permite que eles participem na história da sociedade". Os positivistas manifestam uma má vontade existencial em engajar-se na busca da realidade transcendente, uma aversão à filosofia que Voegelin chama "logofobia" (medo e ódio da filosofia). As consequências sociais e políticas da logofobia positivista incluem a destruição da consciência humana do *Agathon* (o Bem), que, a seu turno, amputa a conexão entre a ordem da alma e a ordem da comunidade política.[7] Em suma, a política perde seu fundamento transcendente.

A restauração da ciência

Voegelin reconhece o cientificismo como um dos principais obstáculos para a restauração da civilização ocidental. Em *A Nova Ciência da Política*, ele contrasta o cientificismo com a *episteme politikei* de Aristóteles. Voegelin mostra que a ciência política de Aristóteles começa por examinar símbolos como eles ocorrem na realidade (*NSP*, p. 34). Todas as sociedades criam símbolos para expressar seu lugar numa ordem maior da realidade. O "simbolismo elaborado" é usado para expressar o significado da sociedade, incluindo seu lugar na história e no cosmos. Esse processo de autointerpretação dá aos seres humanos um sentido dos aspectos duradouros e permanentes da vida, que são a base para uma ordem política e social justa. Mas os símbolos autointerpretativos que articulam a experiência com a realidade transcendente são precisamente o que o positivismo moderno tenta excluir do descobrimento científico.[8] Porque o simbolismo elaborado de uma sociedade toma a forma de rito, mito e teoria – e porque

---

[7] Comte se recusa a participar da busca do fundamento da existência. Na estrutura de Voegelin, ele rejeita a etiologia.

[8] No caso de Comte e positivistas posteriores, os símbolos transcendentes são substituídos ou lhe são dados novos significados imanentes. Ver nota 6.

seu conteúdo é a experiência metafísica – tais símbolos não conseguem harmonizar-se com a definição positivista do fato científico. Em consequência, o que Voegelin considera "uma parte integral da realidade" não é de maneira alguma real aos olhos do positivista. No entanto, explica ele, "quando começa a ciência política, não começa como *tábula rasa* em que possa inscrever seus conceitos; começará inevitavelmente no rico corpo de autointerpretação de uma sociedade e prosseguirá pelo esclarecimento crítico de símbolos preexistentes socialmente" (idem, p. 27-28). A criação de Voegelin de uma nova ciência da política pretende reconquistar a experiência humana com a realidade metafísica, estabelecer o processo dessa reconquista como científico, e restaurar a consciência humana da realidade metafísica.

"*Noûs*" é um exemplo de um símbolo cuja reconquista pode ajudar a restaurar a consciência humana da realidade não material. Diferenciado por Platão e Aristóteles como a percepção de uma presença divina na consciência humana, *noûs* está aparentado com a reta razão uma vez que é a habilidade de entender a realidade. Ou seja, na visão clássica, a compreensão humana da verdade exige a participação do divino no processo de conhecimento. Mas a *noûs* não é um objeto tangível no mundo externo, e, então, para a ideologia do cientificismo, não é parte da realidade. Para Voegelin, entretanto, ela é real porque é experimentada. A experiência de *noûs* confirma sua existência ontológica. Nesse sentido a experiência histórica, não o método científico, é o padrão pelo qual julgar a verdade dos argumentos teoréticos.[9] Símbolos como "*noûs*" ou "*xynon*"[10] são articulações de experiências

[9] Voegelin não apenas dá primazia à experiência sobre o método, mas dá primazia à experiência sobre a doutrina e o dogma. Neste último caso, o conteúdo da doutrina e do dogma podem lidar com a realidade transcendente, mas pela mesma razão que Voegelin rejeita o positivismo, ele rejeita expressões proposicionais da realidade; ambos inibem a busca aberta da verdade da existência. Ao rejeitar o positivismo e o dogmatismo, Voegelin foi criticado, por um lado, por abraçar a verdade filosófica e religiosa (não sendo, pois, suficientemente científico) e, pelo outro, por não aceitar inteiramente as doutrinas religiosas (e, então, não ser suficientemente religioso).

[10] Termo empregado por Heráclito para significar a parte comum da natureza humana que liga o homem ao transcendente e forma a substância da comunidade.

com a transcendência que podem ser redescobertos porque a presença da *noûs* ou do *xynon* é um aspecto universal da natureza humana. Os céticos certamente dizem que a *noûs* não é universal porque não experimentaram sua presença na consciência deles. Mas a aceitação do argumento de Voegelin acerca da ciência e da validade científica de símbolos como "*noûs*" e "*xynon*" depende de uma abertura da vontade e imaginação para a realidade transcendente que ele discute. A incapacidade de aceitar a verdade filosófica não é um problema de insuficiente poder intelectual, mas um problema de orientação existencial. O cientificismo é incompatível com o tratamento filosófico dado por Voegelin porque aquele começa com um fechamento existencial e imaginativo, o que Voegelin algumas vezes chama "estranhamento", à realidade transcendente; o cientificismo se recusa a envolver-se na busca filosófica pela verdade mais alta (é logofóbico). Em consequência, assim como com os marxistas, é impossível uma discussão aberta com os ideólogos positivistas porque eles não conseguem ir além de seus dogmas ideológicos; não querem deixar de lado as proposições de cientificismo, que são obstáculos para uma discussão aberta. Todas as ideologias impedem a busca da verdade.[11]

Voegelin aplicou essa compreensão de ideologia à teoria democrática, explicando as consequências que as ideologias têm para a ordem democrática. Ao contrário dos dogmas do pluralismo, hoje amplamente aceitos nas democracias ocidentais, Voegelin afirmava que as democracias "só podem ser tolerantes para com aqueles que querem submeter-se às condições do governo civil" (*PE 1953-1965*, p. 62). Grupos políticos que subscrevem princípios antidemocráticos que estão, na raiz, próximos da realidade transcendente são destruidores da ordem democrática. Voegelin acreditava que sob certas

---

[11] Para a discussão que Voegelin faz da ideologia e o debate racional, ver "On Readiness to Rational Discussion" [Da Prontidão para Discussão], in *Freedom and Serfdom*, p. 269-84. Também ver Voegelin, "On Debate and Existence" [Do Debate e Existência], in: *The Collected Works of Eric Voegelin*, editado por Ellis Sandoz, vol. 12, *Published Essays: 1966-1985*. Baton Rouge, La., Louisiana State University Press, 1990, p. 36-51.

circunstâncias, como as que prevaleceram durante a República de Weimar, dever-se-ia proibir tais facções políticas de participar do sistema democrático.[12]

A nova ciência da política de Voegelin mostra que a restauração exige que teorias gnósticas sejam vistas pelo que são, e que as almas que estiveram fechadas como resultado da influência delas sejam abertas pela renovação de experiências– e intelecções – com a transcendência.[13] Não pode ocorrer a restauração, a não ser que exista uma consciência da transcendência.

Também é problemática a metodologia do positivismo, que determina a relevância teorética baseada no método em vez de subordinar o método à busca da verdade. Voegelin considera isso uma perversão do significado da ciência. Compreendida corretamente, "a ciência é uma busca da verdade concernente à natureza dos vários reinos do ser... Os fatos são relevantes à medida que seu conhecimento contribua para o estudo da essência, ao passo que os métodos são adequados à medida que possam efetivamente ser empregados como um meio para um fim. Objetos diferentes exigem métodos diferentes". Então, argui Voegelin que se "o emprego de um método se faz o critério da ciência, então se perdeu o significado da ciência como uma descrição confiável da estrutura da realidade, como a orientação teorética do homem neste mundo, e como o grande instrumento para o homem compreender sua posição no Universo" (*NSP*, p. 4-5).

---

[12] Em outro contexto, Voegelin comenta que: "Dentre as experiências mais desesperadoras que tive nos anos de 1933-1938 estavam telefonemas ocasionais de ingleses, simpáticos trabalhistas liberais, que não podiam conter sua indignação diante dos métodos não democráticos e vis empregados pelo governo austríaco contra inocentes tão charmosos como os comunistas e os nacional-socialistas, a quem não se permitia que se organizassem para derrubar o governo e chegavam a ser tolhidos em sua propaganda desta empreitada perfeitamente legítima" (*PE 1940-1952*, p. 2). A visão de Voegelin contrasta com a expressa pelo juiz Holmes, numa opinião dissidente em *Gitlow v. New York* (1925). Escreve Holmes que: "Se com o tempo as crenças expressas na ditadura do proletariado forem aceitas pelas forças dominantes da comunidade, o único sentido da liberdade de expressão é que se lhes deve dar a oportunidade seguir seu caminho".

[13] A obra de cinco volumes, *Ordem e História*, é uma reconquista de experiências com a transcendência. Cada volume descreve e dá exemplos específicos da história da participação humana na realidade transcendente.

Representação

Além da refutação que Voegelin fez do cientificismo, e de sua tentativa de restaurar a ciência política a seu significado clássico, ele também faz uma análise da representação que demonstra a nova ciência da política. Para a mente moderna convencional, a representação significa primariamente representação institucional de acordo com uma constituição, ou com o que poderia ser chamado representação política. Voegelin chama a esse tipo de representação "representação elementar". Membros do Congresso dos EUA são representantes no sentido elementar. A representação elementar é uma estrutura política que, nos negócios do governo, dá voz ao povo governado. Como parte da estrutura institucional do governo, pertence ao processo de governo. Por exemplo, os representantes são legisladores. Criam, debatem, autorizam e supervisionam a lei. Ao passo que é importante o aspecto elementar da representação – de fato, é essencial – não é nem o único aspecto da representação nem o mais importante. Além disso, não se pode entender a representação elementar em isolamento de outros aspectos da representação. Os aspectos institucionais do governo não existem ou funcionam independentemente da busca humana pelo significado e pela autocompreensão. Outra maneira de expressar esse ponto é recordar o emprego que Voegelin faz do conceito "função de abrigo" na *História das Ideias Políticas.* Ali ele explica que governos e sociedades políticas passam a existir não apenas para dar meios materiais como autopreservação, mas principalmente para dar sentido à vida (*HPI I*, p. 225). Essa busca de sentido inclui uma articulação de um lugar da sociedade política numa ordem maior do cosmos. A sobrevivência física exige instituições políticas, como a representação que equipa a sociedade para a ação num mundo que inclui os desafios da produção e distribuição econômica, defesa nacional e segurança pública. Mas, acompanhando as necessidades de sobrevivência física e bem-estar material, está a necessidade de orientar o eu e a sociedade para uma ordem universal mais ampla. A esse aspecto da representação Voegelin chama "representação existencial".

Os interessados no lado mais "prático" e institucional da política podem perguntar por que a representação existencial deveria ser uma preocupação para os que estão interessados principalmente nos negócios do dia a dia do governo e da política. Explica Voegelin: "Se um governo não é senão o representante no sentido constitucional [elementar], cedo ou tarde um governante representativo no sentido existencial porá fim a isso..." (*NSP*, p. 49). Em outras palavras, o problema da sobrevivência física está ligado ao problema da representação existencial. Se os governantes políticos e os representantes desprezam o problema da representação existencial, cria-se um vácuo de significado, que dá oportunidade aos líderes que estão preparados para dar tal representação. Em outras palavras, dirigir a atenção da sociedade exclusivamente para o próprio interesse e para as preocupações pragmáticas de sobrevivência não elimina o problema da representação existencial. Ao contrário, torna mais provável que indivíduos de mentes intemperantes se transformem nos representantes existenciais.

Outra razão da importância da análise de Voegelin sobre a representação diz respeito à forma de governo. "A bondade", explica ele, "é a qualidade de uma sociedade e não de uma forma governamental" (*PE 1953-1965*, p. 186). A boa sociedade pode tomar muitas formas diferentes. Nenhuma forma de governo é a melhor ou a ideal em todas as circunstâncias. Numa discussão do conceito clássico da boa sociedade, Voegelin observa que "o modelo da boa sociedade não é um dado *a priori*. Sua elaboração é extremamente elástica e tem de variar com nosso conhecimento empírico da natureza humana e da sociedade. Uma coisa certa é que a eficácia social da vida da razão, que se está constantemente se desenvolvendo tem de ser incluída" (p. 184). Hoje se tornou uma proposição geralmente aceita no Ocidente que a democracia é a melhor forma de governo e que algo como o capitalismo democrático tem de ser exportado pelo mundo. As consequências primárias da democracia global são as que Woodrow Wilson articulou: crescente paz e prosperidade internacionais. Entretanto, os recentes advogados da democracia global prestaram pouca ou nenhuma atenção aos problemas da representação existencial. Eles presumem que uma ordem política sã se seguirá à criação de instituições democráticas – uma presunção que frequentemente se mostrou errada – e dão pouca atenção às exigências existenciais para o governo democrático. Em contraste, Voegelin afirma que "a democracia só é possível onde existe virtude cívica. E a primeira das virtudes, sem a qual todas as outras não têm uma base própria para a ação, é o conhecimento são dos princípios da coexistência social entre homens livres numa sociedade livre" (*PE 1953-1965*, p. 59-60). O autogoverno exige que o povo tenha maturidade cultural. As sociedades ocidentais têm a experiência histórica que o prepara para as instituições democráticas, mas certamente esse não é o caso para toda e qualquer sociedade. Na verdade, Voegelin considera que o governo democrático é "uma forma especificamente ocidental de ordem política" (p. 65), forma que não é sempre apropriada à necessidade particular que um povo tem de representação existencial. A incapacidade de tratar do problema da representação existencial é um dos componentes primários da crise ocidental. Ele explica por que ela tem consequências na política prática: "Nossa política externa foi um fator no agravamento da desordem internacional através de seu empenho sincero, mas cândido, de curar todos os males do mundo pela difusão de instituições representativas no sentido elementar a áreas onde não havia as condições existenciais para seu funcionamento" (*NSP*, p. 51).

É imediatamente manifesto o contraste entre o pensamento de Voegelin e o liberalismo internacionalista convencional de hoje, com seu apoio à democracia global. Para esse modo de pensar, as instituições de política liberal são apropriadas para todas as sociedades, independentemente de sua maturidade cultural ou experiência histórica. Voegelin, em contraste, levanta explicitamente questões como: Qual é o melhor tratamento institucional para uma sociedade que não tem condições existenciais de governo constitucional? Ele observa que John Stuart Mill compreendeu que o governo constitucional era possível apenas em sociedades que tinham desenvolvido suficientemente a vida da razão e do debate racional. Referindo-se especificamente ao século XX, diz ainda Voegelin:

> Um dano inescrupuloso a milhões de pessoas pelo mundo afora resultou de experiências constitucionais mal avaliadas, modeladas segundo o Ocidente. É urgente enfrentarmos os fatos. Nem todas as sociedades são boas, e a tentativa de imitar o tipo ocidental acarreta mudanças revolucionárias que só se podem trazer, talvez, através de meios dúbios... Temos de admitir que a democracia constitucional pode ser uma forma terrível de governo para um país africano ou asiático, ao passo que alguma forma de despotismo iluminado, autocracia ou ditadura militar podem ser a melhor, se acreditarmos que os governantes estão empregando esses meios para tentar criar uma boa sociedade. (*PE 1953-1965*, p. 16-187)

Gnosticismo

O gnosticismo tem um papel crítico na análise que Voegelin faz da modernidade, como indicado em sua afirmação em *The New Science of Politics* [A Nova Ciência da Política], que "a essência da modernidade" é "o crescimento do gnosticismo" (*NSP*, p. 126). Embora Voegelin modificasse mais tarde essa afirmação, o caráter gnóstico da modernidade permaneceu uma característica primária em sua análise da consciência moderna.

Desenvolvendo e expandindo sua análise do gnosticismo em *The New Science of Politics* [A Nova Ciência da Política], Voegelin dá uma caracterização ampla do gnosticismo em *Science, Politics and Gnosticism* [Ciência, Política e Gnosticismo]. Aí ele argumenta que a insatisfação com o mundo, como tal, que leva ao desejo de transformar o mundo através da ação política, é o que engendra o gnosticismo. Essa estrutura ideológica básica do gnosticismo é prevalente na política moderna. É a substância imaginativa e disposição existencial que engendra tanto o progressismo liberal quanto o radical. Também se pode encontrar em espécies de conservadorismo romântico. Voegelin identifica seis características primárias de gnosticismo:

1. Insatisfação com a situação corrente.
2. Crença em que os aspectos insatisfatórios da situação corrente são o resultado de o mundo ser mal organizado.
3. Crença em que a situação não é irremediável; "é possível a salvação do mal do mundo".
4. Crença em que, para ocorrer a salvação, a constituição do ser (*i.e.*, a natureza humana e a estrutura da realidade) tem de ser transformada na história.
5. Crença em que a transformação da ordem do ser é possível através da ação humana, especialmente a ação política.
6. Porque a transformação da ordem do ser é possível e os seres humanos podem iniciá-la e dirigi-la, crença em que um plano ou fórmula para fazê-lo tem de ser criada, baseada na gnose, o conhecimento secreto que desvenda o mistério da ordem do ser e permite aos líderes do movimento gnóstico reorganizar o mundo de uma maneira que transforme a ordem do ser. O resultado é a transformação da realidade existencial, social e política. O gnóstico faz o papel do profeta que revela a fórmula ideológica para a salvação. (*SPG*, p. 86-87)

O fim último do gnosticismo, a transformação da ordem do ser e da sociedade, também é tratada na terminologia de Voegelin como a imanentização do *eschaton* cristão. No cristianismo e nas ideologias gnósticas há um movimento paralelo da queda à ascensão. O cristão, no entanto, antevê a ascensão, o movimento em direção à perfeição humana, como um movimento fora da história no *Para Além*, ao passo que o gnóstico concebe essa perfeição do homem como um acontecimento na história. Voegelin afirma que "a estrutura da história é empiricamente não apocalíptica" (*PE 1953-1965*, p. 152). Não há escapatória do entremeio (a estrutura permanente de existência) na história. Os seres humanos são forçados a confrontar o desafio de harmonizar a alma com o transcendente. Indivíduos espiritualmente indolentes, aqueles cuja alma não é "ordenada pela fé", procuram maneiras de sair dessa realidade desagradável e difícil. A ansiedade de vida que Pascal identifica como *noirceur* é um "negrume que pervade a alma, o vazio que dá origem ao tédio e, por fim, ao desespero" (idem, p. 50). A fuga do tédio e do desespero chega na forma de diversão (o que Pascal chamou *divertissements*) como intoxicação narcótica, televisão e música, ou pode ser encontrada nas ideologias gnósticas que transformam o problema de atingir a virtude em um problema de ação política e fé em doutrinas ideológicas. A resistência a esses impulsos gnósticos é mais difícil numa cultura cujo capital verdadeiramente espiritual se exauriu (idem, p. 50).

A compreensão de Voegelin do gnosticismo dá uma estrutura de análise da crise ocidental. Os componentes ideológicos da modernidade – nacional-socialismo, marxismo, progressismo, cientificismo, e outros "ismos" – são manifestações de gnosticismo. São desordens espirituais, e a corrupção política que eles criam é o resultado da desordem existencial. Confrontar a crise moderna significa providenciar uma alternativa para os comportamentos gnósticos. Mas isso se faz difícil pelo fato de que as várias ideologias gnósticas corromperam tanto a consciência humana que para muitos é a única alternativa palatável, a ideologia parece ser o pluralismo. Infelizmente, colocar todas as ideologias em pé de igualdade com a filosofia verdadeira não parece ajudar a resolver a crise moderna. As ideologias gnósticas não apenas têm uma vantagem única por prometerem coisas às quais anelam os seres humanos – salvação e perfeição – mas também por prometerem entregá-las neste mundo.

A impaciência e o idealismo da personalidade moderna fazem que, em comparação, a promessa cristã de vida após a morte ou a visão sóbria agostiniana de um mundo repleto de pecado não pareçam nada atrativas.

Mas Voegelin não vê a era moderna como uma ralé gnóstica. Certamente o gnosticismo destruiu muito da estrutura civilizacional do Ocidente, mas nunca passou sem ser contestado. Voegelin é um numa linha comprida de pensadores que resistiram ao impulso gnóstico e defenderam de seus inimigos a tradição mediterrânea. Repetidamente ele lembra aos leitores que "não se deve esquecer de que a sociedade ocidental não é toda moderna, mas que a modernidade cresceu dentro dela, em oposição à tradição cristã e clássica" (*NSP*, p. 176). Ele também explica que "a despeito de sua ascendência barulhenta, [o gnosticismo] não tem, de maneira nenhuma, o domínio do campo; (...) a tradição cristã e clássica da sociedade ocidental está muito viva; (...) o desenvolvimento da resistência intelectual e espiritual contra o gnosticismo, em todas as suas variantes, é um fator notável em nossa sociedade; (...) a reconstrução de uma ciência do homem e da sociedade é um dos acontecimentos marcantes do último meio século e, em retrospecto, com a vantagem de um ponto futuro, como referência, aparecerá talvez como o acontecimento mais importante de nosso tempo" (idem, p. 165). Com a ajuda de outros pensadores que procuraram restaurar a filosofia cristã e clássica, incluindo Vico, Bodin, Schelling e Bergson,[14] Voegelin estava confiante de que o gnosticismo faria seu percurso e que ocorreria uma revitalização espiritual. Comentava que "nada dura para sempre! Teremos uma revitalização religiosa; ela virá" (*CEV*, p. 109).[15]

A confiança de Voegelin em que a crise moderna viria a dissipar-se baseou-se, em parte, em sua crença de que o gnosticismo, a força ideológica animadora da crise, era autodestrutivo. Um aspecto do caráter autodestrutivo do

[14] Ver Barry Cooper, *Eric Voegelin.*

[15] Ver também, de Voegelin, "Industrial Society in Search of Reason" [Sociedade Industrial em Busca da Razão] (*PE 1953-1965*, p. 178-90).

gnosticismo é que "seu desprezo pela estrutura da realidade leva a um estado de guerra constante" (*NSP*, p. 173). As guerras são inspiradas por sonhos gnósticos que não se podem realizar porque estão com as premissas na segunda realidade. Em algum ponto, os indivíduos perdem a paciência, esperando que os sonhos se realizem. Isso é especialmente o caso quando a ansiedade da espera é exacerbada pelo terror totalitário. Então, com o tempo se desmascara a falsidade do sonho gnóstico. Ele perde sua vitalidade sob a pressão da realidade; o senso comum afinal prevalece, ao menos numa civilização que tem uma tradição filosófica viva, como é o caso das culturas americana e britânica. Enquanto esse capital civilizacional não for inteiramente gasto, existe a substância cultural para resistir ao gnosticismo.

Pode-se perguntar por que o gnosticismo consegue ter tal influência se, afinal, pode ser desmascarado como um sonho patológico. Por que o gnosticismo, desde o começo, não é visto pelo que é? Voegelin rejeita a ideia de que a política gnóstica, por exemplo, possa ser explicada por "ignorância e estupidez" (idem, p. 172). O gnosticismo não é um retorno à "Idade das Trevas" da ignorância não pensante. A política gnóstica e suas políticas acessórias são "buscadas como matéria de princípio, com base em suposições de sonho gnóstico acerca da natureza do homem, acerca de uma evolução misteriosa da humanidade em direção à paz e à ordem mundial, acerca da possibilidade de se estabelecer uma ordem internacional em abstrato, sem relação com a estrutura do campo de forças existenciais, acerca de forças armadas como causa de guerra e não as forças e constelações que as constroem e as põem em movimento..." (idem, p. 172). Em outras palavras, a crise do Ocidente, a ascendência do gnosticismo como teologia civil do Ocidente não é causada por um cálculo errado racional, devido à ignorância. A política gnóstica é propagada por indivíduos inteligentes que sofrem da "condição espiritual anormal e estranha" que Voegelin, seguindo Schelling, chama "pneumopatologia" (*SPG*, p. 101). Ele discute a desordem pneumopatológica da gnose em *Science, Politics and*

Gnosticism [Ciência, Política e Gnosticismo] e em *The New Science of Politics* [A Nova Ciência da Política]. Naquele, ele usa Marx e Nietzsche como exemplos de "gnósticos especulativos", que se envolvem em "fraude" e que cometem "trapaças intelectuais" (idem, p. 28-33). Nas palavras de Voegelin, o "movimento do espírito (...) numa gnose de Nietzsche corresponde funcionalmente à *periagoge* platônica, a virada e abertura da alma". A "virada" gnóstica ou transformação se distingue da transformação espiritual verdadeira platônica em que esta é uma abertura da alma para a fonte transcendente de ordem. Ao passo que a transformação gnóstica é exatamente o oposto. A alma gnóstica se fecha, afastando-se da graça movente do amor divino. Como explica Voegelin: "A vontade de poder bate no muro do ser, que se transformou numa prisão. Ela força o espírito no ritmo da fraude e da autodilaceração" (idem, p. 30).

A análise de Voegelin da desordem espiritual na alma dos pensadores gnósticos é especialmente irritante para a sensibilidade dos gnósticos modernos. Voegelin identifica as falhas de caráter espiritual de pensadores gnósticos, e seus julgamentos são, portanto, aptos a serem interpretados como insultantes, vituperantes, ou beligerantes intelectualmente. Mas ele explica que a prova leva a tal conclusão. Pensadores gnósticos como Hobbes e Hegel "suprimiram um elemento essencial na realidade, a fim de poderem construir uma imagem do homem, ou da sociedade ou da história, que se harmonize com o desejo [deles]". Compreender por que um pensador se envolveria em tal desonestidade intelectual exige que a análise do problema saia do "argumento teorético" e raciocine no "nível psicológico". É, então, em fundamentos psicológicos que Voegelin determina que "a vontade de poder do gnóstico que quer governar o mundo triunfou sobre a humildade da subordinação à constituição do ser" (idem, p. 106-07). Em suma, o pensador gnóstico se recusa a aceitar os limites naturais do homem e da sociedade. Pois aceitar tais limites significa renunciar ao sonho de uma natureza humana transformada e a suas consequências políticas e sociais.

A supressão que o gnóstico faz da realidade tem de, afinal, colidir com "a constituição do ser". Quando o faz, o sonho romântico é denunciado como tolice. No entanto, o pensador gnóstico pode continuar o sonho em face da realidade porque, ao fazê-lo, ele obtém uma "satisfação de fantasia". A vontade de poder não é satisfeita, mas há um "ganho psíquico" que resulta de construções gnósticas e o investimento emocional que seus seguidores fazem na "verdade" de seus programas ideológicos. Uma segunda motivação psicológica está na "certeza mais forte acerca do significado da existência humana, num novo conhecimento do futuro que jaz perante nós, e na criação de uma base mais segura para ação no futuro" (idem, p. 107).[16]

São aparentes duas conclusões advindas da análise que Voegelin faz do gnosticismo. Primeira, o gnosticismo e a filosofia estão em desacordo; são tensões irreconciliáveis que dão ensejo a ordens igualmente irreconciliáveis, políticas e existenciais. A filosofia é o amor do conhecimento que procede por uma busca aberta pelo Bem. A busca filosófica é, em si, dirigida pelo fundamento transcendente e a busca humana pela verdade é subordinada à vontade de Deus. O gnosticismo, em contraste, é animado pela vontade de poder, *libido dominandi*, ou *amor sui*, o amor de si mesmo (no sentido agostiniano). O desejo de dominar o ser é característico do gnosticismo. Os gnósticos criam sistemas que distorcem a realidade. Mas, afinal, a realidade não pode ser ignorada nem destruída. O pensador gnóstico evita o problema ao recusar apresentar perguntas que expõem a mentira da construção gnóstica.

---

[16] A necessidade de certeza acerca do significado da existência é causada em parte pela diferenciação cristã. Para os cristãos, "o tecido de fé, do qual pende toda a certeza relacionada ao ser divino-transcendente, é, na verdade, muito fino. Não se dá ao homem nada de tangível. A substância e a prova do invisível são afirmadas por nada mais do que a fé, que o homem tem de obter pela força de sua alma (...) Nem todos os homens são capazes de tal vigor espiritual (...) A realidade do ser como é conhecida em sua verdade pelo cristianismo é difícil de suportar, e a fuga de uma realidade claramente vista para as construções gnósticas provavelmente será sempre um fenômeno de larga extensão em civilizações que o cristianismo permeou" (*SPG*, p. 109).

A segunda conclusão é de que os gnósticos estão fechados ao debate racional.[17] Essa conclusão tem consequências importantes para a política. Significa que democracias constitucionais, com todas as suas proteções de liberdades civis como a liberdade de expressão, são solapadas pelo gnosticismo. Liberdade de expressão e abertura de expressão não garantem a discussão racional. A sociedade aberta é vulnerável ao gnosticismo porque a verdade nem sempre prevalece sobre a mentira. Os libertários civis acham que a livre expressão assegura a perpetuação da sociedade livre. Mas os gnósticos não querem uma sociedade livre: querem reconstruir a realidade de acordo com o sonho gnóstico deles. Como sabia Voegelin de sua experiência com o totalitarismo, os gnósticos não estão contentes com a satisfação fantasiosa: eles querem o poder. Ele notou que a "*libido dominandi* (...) tem uma violência e crueldade que vai além do deleite no disfarce e na trapaça para com os outros. Ilumina o próprio pensador e desmascara seu pensamento como uma vontade de poder astuciosa" (*SPG*,p. 29). Não há nenhuma garantia de que os sonhos patológicos gnósticos serão vistos pelo que são – a Alemanha nazista e a União Soviética são testemunhas disso. Uma sociedade pode alcançar um ponto de confusão espiritual ou de corrupção espiritual que destrói sua habilidade de rechaçar os avanços gnósticos. A dificuldade das sociedades constitucionais é que no ponto em que a clareza teorética é mais necessária, as influências gnósticas podem ter erodido a habilidade da sociedade de fazer distinções precisas entre a verdade e a mentira. A abertura institucional não é, em si, adequada para proteger uma sociedade do gnosticismo. Nem é provável que prevaleça ao ponto em que o gnosticismo seja cultural e espiritualmente difuso (*PE 1940-1952*, p. 19-21). Então, o gnosticismo tem de ser oposto por uma força espiritual que imunize a sociedade da corrupção gnóstica.

---

[17] Para saber o que Voegelin pensa da ideologia gnóstica e do debate racional, ver Voegelin, "On Debate and Existence" [Do Debate e da Existência] e "On Readiness to Rational Discussion" [Da Prontidão para a Discussão Racional]; e Sandoz, "Voegelin Read Anew: Political Philosophy in the Age of Ideology" [Voegelin Relido: A Filosofia Política na Era da Ideologia], *Modern Age*, XVII, verão de 1973, p. 257-63.

Gnosticismo e o movimento da compactação à diferenciação

Para Voegelin, pode-se medir a compreensão humana da verdade numa escala que se move da compactação à diferenciação. Como a experiência humana com a realidade transcendente ocorre através da história, ganham-se intelecções novas e mais profundas da natureza da realidade e da condição humana: essa é a essência da diferenciação. É importante notar que, enquanto a diferenciação é um processo multifacetado, a experiência com a realidade transcendente é sua substância engendradora. As intelecções que se ganham e articulam em linguagem são as consequências de experiências que Voegelin chama de "saltos no ser".[18] O salto no ser "ganha uma nova verdade sobre a ordem", mas não é nem "toda a verdade" nem estabelece "uma ordem última da humanidade". Ao contrário, "a luta pela verdade da ordem continua no novo nível histórico". Além disso, "repetições do salto no ser corrigirão a intelecção inicial e a suplementarão com novos descobrimentos; e a ordem da existência humana, por mais profundamente afetada pela nova verdade, permanece a ordem de uma pluralidade de sociedades concretas. Com o descobrimento de seu passado, a humanidade não chegou ao fim da história, mas se tornou consciente do horizonte aberto de seu futuro" (*OH II*, p. 69).

A diferenciação não garante um desenvolvimento paralelo na ordem social e política. Ou seja, a diferenciação envolve o desenvolvimento da razão noética (ação racional na ciência humana), mas não garante um desenvolvimento concomitante na razão pragmática (ação racional na área da ciência natural e tecnologia no mundo externo) (*PE 1953-1965*, p. 187-88). Um avanço na razão noética é relativamente independente da

[18] O conceito de "salto no ser" designa experiências que são caracterizadas pelo movimento da presença divina como a substância formativa da história e ordem que move a compreensão humana até um novo nível de esclarecimento.

ação racional na ciência natural e na tecnologia, o que contribui para o desenvolvimento econômico e segurança nacional. De fato, a diferenciação pode solapar a teologia civil existente e ser inimiga da ordem social e política existente da mesma maneira que Sócrates foi dilacerador para Atenas.

A diferenciação é por definição uma nova compreensão da realidade que afasta a sociedade de sua compreensão existente e mais compacta da verdade. Mas a compreensão mais compacta não se torna, com isso, falsa.[19] A filosofia de Platão não invalida as intelecções de Hesíodo, mas constitui apenas um nível mais profundo de compreensão acerca da natureza da realidade. A "nova" verdade diferenciada não é completamente nova; ela se constrói em cima das intelecções da verdade compacta. De fato, experiências menos diferenciadas compartilham uma equivalência com experiências mais diferenciadas. Novos símbolos são engendrados para expressar novas intelecções na condição humana, mas as experiências não são novas. Elas também vêm da participação humana na estrutura universal da realidade. No nível da experiência histórica, aquilo de que participa o indivíduo é equivalente àquilo de que aqueles, antes e depois dele, participaram, *i.e.*, o *entremeio*. Nos casos tanto da verdade compacta quanto da diferenciada, o divino é reconhecido como o fator que move a consciência humana. A força da atração divina (*helkein*) e a resposta humana a ela (*zetesis*) podem variar em casos particulares, mas em cada instância os indivíduos participam do mesmo processo de descobrimento da realidade. Em consequência, as experiências com a realidade transcendente não são desconexas. Estão c onectadas pelo fator comum da presença divina, a *parousia*.

A equivalência de experiências no nível da consciência não corresponde necessariamente à continuidade política e social.

---

[19] Voegelin afirma enfaticamente esse ponto, ao rejeitar, em "História e Gnose", a tese de Rudolf Bultmann de que o Antigo Testamento é teologicamente irrelevante para os cristãos. "Do fato de que a verdade se tenha diferenciado através de nova experiência não se segue que tudo o mais, conhecido como verdadeiro na experiência mais compacta, tenha agora se tornado falso" (*PE 1953-1965*, p. 173).

Filósofos como Voegelin podem ser capazes de reconhecer a continuidade entre experiências históricas com a realidade transcendente, mas, ao contrário dos filósofos, as culturas tendem a guardar ciumentamente suas representações convencionais da verdade. Intelecções filosóficas (diferenciações) são preservadas culturalmente em alguma forma de teologia civil. Para a maior parte dos indivíduos, o conteúdo da teologia civil, embora em realidade apenas derivado da verdade diferencial, é tomado como a própria verdade. Diferenciação maior exige uma nova teologia civil ou reforma da antiga. Para o filósofo, essa mudança não é uma rejeição da verdade mais compacta, mas, para o homem comum, isso aparece como traição à verdade. Porque a ordem política e social de uma comunidade, incluindo suas instituições, é um reflexo de sua compreensão da realidade mais ampla, uma diferenciação maior tende a ser destruidora da ordem existente. O cristianismo teve tal efeito em Roma. Voegelin acredita que Santo Agostinho, por exemplo, não é suficientemente sensível às reclamações de Varrão de que o cristianismo, ao solapar a teologia civil de Roma, foi responsável por sua queda. A teologia civil romana era sacrificável por não ser cristã, e a própria teologia civil era desnecessária depois da diferenciação cristã.

Não apenas a diferenciação é apta geralmente a ser social e politicamente destruidora, mas a diferenciação cristã, em particular, adiciona mais uma dimensão ao problema da ordem. O cristianismo representa uma verdade universal relevante a todos os membros da comunidade humana, e essa universalidade tende a ter um efeito substituidor, pois o cristianismo considera que outras religiões são inferiores e devem ser substituídas. Além disso, o cristianismo baseia-se num fundamento espiritualmente frágil. Está bem distanciado da certeza dos símbolos cósmicos e mitos que têm pontos de identificação no mundo visível. O centro ordenador de vida para o cristão é parte de uma realidade invisível de existência espiritual e tem de ser conhecido através da fé. A incerteza da fé é propensa a engendrar uma busca pela certeza que leva à formação de proposições reificadas que são deformações da realidade diferenciada.

Voegelin classifica como gnósticas as deformações das diferenciações cristãs. Movimentos gnósticos modernos – marxismo, nacional-socialismo, progressismo, positivismo – "revelam em seu simbolismo certa derivação do cristianismo e sua experiência de fé" (*SPG*, p. 114). De certa maneira, então, os movimentos gnósticos modernos não são possíveis sem a diferenciação do cristianismo, porque o cristianismo dá o contexto para a consciência moderna. O gnosticismo moderno é um descarrilamento do cristianismo. Voegelin diz que a gnose "acompanhou o cristianismo desde o seu começo" (*NSP*, p. 124); "seus traços são encontrados em São Paulo e São João" (idem, p. 126).

Uma questão importante se levanta aqui. Se a diferenciação não leva a uma ordem social e política mais justa e ética, por que é tão importante? Os descarrilamentos do cristianismo poderiam levar alguns à conclusão de que o mundo moderno, ao menos, seria melhor sem ele. A afirmação de Voegelin não é de que a diferenciação necessariamente tem consequências negativas para a ordem social e política, mas que a diferenciação em si não garante melhora moral na vida política e social. A sociedade desordenada pode rejeitar a verdade diferenciada. Mas pode aceitá-la. Voegelin discute os efeitos sociais da diferenciação no contexto de contrastar os sofistas com os filósofos místicos, como Heráclito e Xenófanes. Os filósofos místicos "descobriram uma nova fonte de verdade em seus papéis" (*OH II*, p. 311), ao passo que os sofistas descobriram apenas informação posta à venda para uma sociedade necessitada de ordem. O filósofo místico

> pode apenas comunicar o descobrimento que fez em sua própria alma, esperando que tal comunicação incentive descobrimentos paralelos na alma dos outros. Se ele tiver esse efeito nos outros, ele terá atualizado a comunidade existente até a extensão de seus efeitos. Nada se segue dessa aventura com relação à organização social diretamente, embora indiretamente a diferenciação da vida da alma num grande número de homens numa comunidade possa ter o efeito de mudar os

> costumes, e, por fim, as instituições de uma sociedade, porque a hierarquia de propósitos para a ação individual mudou. (*OH II*, p. 357)[20]

Mesmo se rejeitada pela sociedade desordenada, a verdade diferenciada pode ter um efeito ordenador, mas pode não ser naquela sociedade nem naquela era histórica. Embora Atenas rejeitasse a verdade descoberta por Platão e Aristóteles, "estes criaram o novo tipo de sociedade que poderia tornar-se a portadora da verdade deles, ou seja, as escolas filosóficas. As escolas sobreviveram à catástrofe política da pólis e se tornaram influências formativas de primeira ordem, não nas sociedades helenística e romana, mas através das eras nas civilizações ocidental e islâmica" (*NSP*, p. 75). Vistos contra esse horizonte mais amplo de ambas as civilizações, ocidental e oriental, e levando em consideração o conceito de Voegelin de representação existencial, os esforços de Platão e Aristóteles não se perderam numa sociedade que se recusou a seguir-lhes a sabedoria. Ao contrário, eles deram a substância filosófica e civilizacional que animou a ordem de sociedades políticas séculos além do século IV a.C.

A diferenciação da revelação cristã e da filosofia coloca certos limites na consciência humana que contribuíram para a ascensão do cientificismo. "A verdade da revelação e da filosofia se tornou fatal para os deuses intracósmicos; e a retirada dos deuses do cosmos estabeleceu uma natureza desdivinizada, livre de ser explorada pela ciência" (*OH IV*, p. 53). A desdivinização da natureza torna possível o cientificismo. O cristianismo também desdivinizou "a esfera temporal de poder", que preparou o palco para a redivinização. "A moderna redivinização tem suas origens (...) no próprio cristianismo, derivando de componentes que a Igreja universal suprimiu por heréticos" (*NSP*, p. 107). Mas não há retorno da diferenciação

[20] É por isso que Voegelin tem Cícero em baixa conta como filósofo. Não há muita profundidade filosófica em sua obra e ele está mais interessado em validar as virtudes de Roma. Em consequência, ele não consegue dar um paradigma de ordem correta que possa servir tanto como um contraste para a ordem política existente quanto um modelo para membros da sociedade romana seguirem.

da revelação cristã e da filosofia – o politeísmo já não é uma opção. As novas intelecções na condição humana revelada pelo cristianismo estão incrustadas na consciência humana e não podem ser removidas facilmente, se é que podem. Mas podem ser deformadas. Como explica Voegelin, "depois do cristianismo já não se pode voltar à cosmologia, mas apenas seguir adiante para uma compreensão mais diferenciada da unidade da humanidade na história sob o mistério do *eschaton*..." (*PE 1953-1965*, p. 153). A diferenciação da Encarnação identificou a "humanidade como o sujeito da história" (idem, p. 174). A diferenciação pós-cristã evitaram-na, entretanto, movimentos revolucionários anticristãos que Voegelin classifica como "deformações apocalípticas da história", responsáveis por fazer da "humanidade" "sinônimo de internos de um campo de concentração apocalíptico" (idem, p. 153).

Joaquim de Fiore (Flora) é uma figura importante na redivinização da sociedade. Voegelin acredita que "[e]m sua escatologia trinitária, Joaquim criou o agregado de símbolos que governam a autointerpretação da sociedade política moderna até hoje" (*NSP*, p. 111). A divisão que Joaquim faz da história em três épocas em que a terceira época e final representa o fim e a realização da história serviu de modelo simbólico para futuros pensadores como Turgot, Comte, Hegel, Marx e movimentos totalitários de massa como o nacional-socialismo e o comunismo. Para Voegelin, a escatologia trinitária de Joaquim é uma característica definidora da modernidade e especialmente da política moderna.

A característica gnóstica da modernidade é iluminada quando comparada com a compreensão de Agostinho da História. Para Agostinho a História tem dois componentes: o profano e o sacro. A história profana é o reinado da história em que "impérios ascendem e caem", ao passo que a história sacra é o reinado da história que "culmina com a aparição de Cristo e o estabelecimento da Igreja" (idem, p. 118). Dois pontos importantes precisam ser enfatizados quanto a essa distinção. Primeiro, Agostinho entendia que, enquanto o reinado sacro da história se dirigia para "a realização escatológica", a história profana não tem tal propósito" (loc. cit.). O segundo ponto é que a modernidade se define, em parte, pela confusão e fundição dos dois reinados de Agostinho. Pensadores modernos redivinizam a sociedade, ao darem um significado escatológico à história profana. "Joaquim rompeu com a concepção agostiniana de uma sociedade cristã quando aplicou ao curso da história o símbolo da Trindade" (idem, p. 111), explica Voegelin. Em outras palavras, Joaquim "imanentizou o *eschaton*". O pensamento político moderno tem de ser entendido à luz do esforço de Joaquim e das tentativas subsequentes de redivinizar o que o cristianismo desdivinizara.[21]

De maneira mais geral, uma frustração com o mundo como ele é caracteriza o pensamento político moderno e a política moderna.[22] Na visão moderna, a natureza humana e a estrutura de existência são consideradas não como fixas, mas como maleáveis infinitamente; se o mecanismo ideológico correto puder ser aplicado a elas, como a revolução proletária ou a purificação racial, elas podem ser aperfeiçoadas. A frustração característica da modernidade pode, portanto, ser descrita como uma má vontade de aceitar os limites da realidade; ou o que Voegelin chama a constituição do ser. O que resulta é a fuga imaginativa da realidade para compreensões ideológicas do mundo que oferecem programas de ação política e social. Há um forte contraste entre as ilusões gnósticas que caracterizam o pensamento

[21] Relacionado a esta questão da distinção de Agostinho entre a história profana e a sacra é se tanto Agostinho quanto Voegelin estariam ou não, ao seguirem tal visão de História, separando a transcendência da história e da política de maneira muito radical. Essa questão será tratada no capítulo 7. Ver Shadia B. Drury, "Ausgustinian Radical Transcendence: Sources of Political Excess" [Transcendência Radical Agostiniana: Fontes de Excesso Político], *Humanitas* XII, n. 2, 1999, p. 27-45.

[22] A visão de Voegelin das ideologias modernas e a rejeição delas a uma natureza humana fixa tem muito em comum com o conservadorismo de Russel Kirk. Ver Kirk (ed.), *The Portable Conservative Reader* [O Leitor Conservador de Bolso]. Nova York, Penguin Books, 1982, p. xvii-xviii. Ver, também, Kirk, *The Conservative Mind: From Burk to Eliot* [A Mente Conservadora: de Burke a Eliot]. Washington, D.C., Regnery Publishing, 1985.

político moderno e o realismo filosófico de Voegelin. Aqui se encontra uma continuidade entre pensadores antigos como Platão e Aristóteles e pensadores cristãos como Agostinho e Aquino, todos os quais entenderam que, ao passo que são possíveis melhorias na política, a vida humana é desfigurada pela tendência dos homens de escolher o pecado em vez da graça, a desordem em vez da ordem, *doxa* em vez de *episteme*; a sofística em vez da filosofia. O entremeio – a estrutura da realidade – é permanente e imutável. Mas a transformação escatológica da sociedade exige nada menos do que a transformação da natureza humana e a transformação do próprio entremeio. Portanto, esse aspecto do pensamento político moderno tem em si um forte sabor utópico. "Pode assumir a forma de um sonho mundial axiológico, como na utopia de More, quando o pensador está ainda a par de que e de por que o sonho é irrealizável; ou, com um analfabetismo teorético crescente, pode assumir a forma de vários idealismos sociais, como a abolição da guerra, a abolição da distribuição desigual da propriedade, a abolição do medo e da necessidade" (idem, p. 121).

Pode ser útil explicar por que o idealismo moderno é fundamentalmente diferente do "idealismo" de Platão ou Aquino. Voegelin explicou certa vez num painel com Allan Bloom, Hans Georg Gadamer e Frederick Lawrence que Platão não é um utópico.[23] O regime ideal dele, como explicado na *República*, não é perfeito; inclui imperfeições e degenera em formas ainda "menos perfeitas" e, por fim, em tirania. Em outras palavras, mesmo o melhor regime tem imperfeições, e todos os regimes degeneram devido a imperfeições na natureza humana. Voegelin argumenta que "o título 'boa sociedade' não contém nenhuma insinuação escatológica; seu estabelecimento

---

[23] Eric Voegelin, "Lendo a *República*", um painel de discussão com Allan Bloom, Hans Georg Gadamer, Eric Voegelin e Frederick Lawrence na Universidade de York, Toronto (23 de novembro de 1978). A insistência de Voegelin de que Platão não era utópico contrasta com a visão de William Dunning de Platão. Ver Dunning, *A History of Political Ideas: Ancient and Medieval* [Uma História das Ideias Políticas: Antiga e Medieval]. Nova York, Macmillan, 1902, p. 43-47. [A gravação desse painel foi colocada à disposição em DVD, *Voegelin in Toronto* - N. T.]

não é uma realização final que põe fim à história imperfeita. Mesmo a melhor das boas sociedades segue, de acordo com o conceito clássico, a lei cíclica de declínio e queda; e a corrupção tem início desde o seu começo" (*PE 1953-1965*, p. 184). Isso não quer dizer que a desordem e a injustiça sempre triunfem sobre a ordem e a justiça. Qualquer progresso moral obtido pode ser perdido e o que é perdido pode ser recuperado ou reconstituído. Indivíduos particulares e comunidades experimentam mudanças dinâmicas contínuas da ordem para a desordem, ou da desordem para a recuperação da ordem. Mas no contexto da existência humana terrena, a ordem e a justiça não podem prevalecer de uma vez para sempre. Acreditar que a desordem e a injustiça possam ser extintas seria rejeitar o próprio fundamento ontológico da realidade que é expresso em símbolos como "entremeio", "constituição do ser".

A esse respeito, então, Platão não é um utópico porque ele não acredita que seja possível a perfeição.[24] Uma linhagem do pensamento político moderno, por contraste, *é* utópica, de uma forma que a distingue do utopismo pré-cristão, do qual é um exemplo Thomas More. Voegelin discute o utopismo de More em *História* e brevemente em *A Nova Ciência da Política* e *Ciência, Política e Gnosticismo.* O utopismo de More difere do de Marx, uma vez que o primeiro reconheceu que o sonho é irrealizável, ao passo que o segundo não apenas pensa que pode ser realizado, mas também que sua realização é historicamente inevitável. Em ambos os casos a diferenciação cristã e o elemento gnóstico do cristianismo alimentam o desejo de imanentizar o *eschaton.* Em ambos os casos a criação de sonhos utópicos provém da pneumopatologia. O pensador pneumopatológico omite uma parte da realidade a fim de criar a ilusão de que é possível um mundo radicalmente novo. Embora More pareça compreender que a estrutura da existência não pode ser transformada para criar a utopia, ele, no entanto, está

[24] Isso, entretanto, não despreza a possibilidade de que Platão seja um idealista, o que é quase como ser um utópico.

pronto a envolver-se no exercício imaginativo de construir um mundo em que os obstáculos à perfeição têm de ser removidos. Seu utopismo pode não ser tão pernicioso como o de Marx, mas é parte do desenvolvimento da consciência que contribui para formas mais perigosas e radicais de utopismo. É uma indicação de que já no início do século XVI a civilização ocidental estava começando a perder seu contato com a realidade.

5. Filosofia da História: Ordem e História

Antes de dar alguma descrição e análise de *Ordem e História*, é necessário entender precisamente o que Voegelin quer dizer com história e ordem, e por que essas estão intimamente ligadas a ele. Voegelin afirma que "a História é o processo em que o homem articula sua própria natureza" (*OH II*, p. 68). A história, então, é o descobrimento da autocompreensão. E autocompreensão é entendida como conhecimento e intelecção acerca da natureza da existência humana, que inclui a harmonia do homem com a realidade transcendente.

Para ser conhecida e articulada, a experiência com a realidade transcendente tem de ser parte da consciência humana. Para isso acontecer, os seres humanos têm de estar sintonizados com a realidade transcendente, como oposto de serem estranhos a ela. A sintonia implica certa condição ética da alma e um estado de consciência correspondente. Quando a vontade é corretamente ordenada, são iluminadas as experiências com a transcendência, dando origem a intelecções na condição humana e no significado da história que se constrói em cada uma delas.

Três suposições subjazem a essa tese voegeliniana: primeira, a de que a estrutura da natureza humana é fixa. Segunda "[a] extensão da experiência humana está sempre presente na inteireza de suas dimensões". Os seres humanos são capazes de uma extensão de tipos de personalidade e de uma extensão de comportamento ético, como os descritos por Platão na *República*.[1] Terceira, "[a] estrutura da extensão da experiência humana varia da compactação à diferenciação" (*OH I*, p. 99). Em outras palavras, algumas experiências penetram numa compreensão mais profunda da realidade do que outras, não necessariamente porque aos pensadores falta poder moral ou intelectual, mas porque a realidade se revela na história em vários graus. Enquanto indivíduos espiritualmente sensíveis participam do processo de revelação, eles não criam a estrutura de realidade, mas procuram por ela e ela lhes é revelada. A consciência de realidade exige a união da atração divina (*pneuma* ou *helkein*) e a vontade de procurar por ela (*zetesis*, *nous*, ou *l'âme ouverte* de Bergson). O grau de diferenciação não é devido somente à capacidade intelectual ou espiritual de um pensador, mas também à força da atração divina.

As intelecções ganhas através da experiência humana com a transcendência e a ordem que elas engendram são parte do processo de autocompreensão que forma a substância da História. É esta compreensão da História como a "luta pela verdade da ordem" que molda a filosofia da história de Voegelin (*OH II*, p. 68), dando assim à sua obra um foco diferente como uma substância diferente dos estudos históricos mais convencionais. Para Voegelin, a História se faz quando seres humanos concretos, que estão engajados numa comunidade política, participam da luta dramática pela ordem. A resistência existencial à desordem nessa comunidade e o descobrimento correspondente da ordem na alma é a própria essência da existência histórica.

Na concepção de Voegelin, a História não consiste no estudo do passado sem consideração pela busca do filósofo pela verdade da existência. Nem todos os acontecimentos passados e experiências são históricos nem têm relevância igual para os

[1] *República*, são exemplos 561 b-d e 586 a-b.

problemas contemporâneos da ordem. Em consequência, o julgamento crítico inspirado por uma abertura para o fundamento do ser tem de ser empregado para determinar o que é histórico. Além disso, o estudo da História não pode ser ligado a construções ideológicas como multiculturalismo relativista, materialismo dialético ou cientificismo, doutrinas que são acríticas e fechadas para o fundamento do ser. Essa compreensão da História significa que nem todas as sociedades exercem um papel igualmente importante no drama da História. Por essa razão, "uma filosofia da História não pode ser um registro amigável de memórias" (idem, p. 73) que dá igual atenção a todas as civilizações e sociedades. "A história se faz onde vivem os homens, mas sua filosofia é um simbolismo ocidental (...) porque a sociedade ocidental recebeu sua forma histórica através do cristianismo" (idem, p. 90). "[A] verdade da ordem do ser emerge na ordem da História. O *Logos* da própria História provê os instrumentos para o exame crítico e a avaliação da estrutura autorizada" (idem, p. 73). Numa afirmação retirada de sua *História das Ideias Políticas*, explica Voegelin que "[t]oda sociedade é organizada para a sobrevivência no mundo e, ao mesmo tempo, para a participação na ordem do ser que tem sua origem no Ser divino-transcendente-do-mundo; tem de lidar com os problemas de sua existência pragmática e, ao mesmo tempo, está preocupada com a verdade de sua ordem" (idem, p. 68). Essas facetas da existência humana são os desafios inescapáveis que proveem a História com substância e significado. O descobrimento de significado na História é trazido à luz no presente, e, então, a História "é experimentada não no passado, mas no presente" (*WIH*, p. 10).

Com essa visão histórica única como fundamento, Voegelin apresenta em *Ordem e História* uma análise dos "pensadores representativos cujas descobertas fizeram avançar decisivamente a compreensão da ordem do homem e da sociedade" (*OH II*, p. 20). Esses avanços são o descobrimento da transcendência – a "ordem divino-transcendente", oposta à compreensão mais compacta de uma "ordem divino-cósmica" – e a ordem espiritual e intelectual que ocorre por causa dela.

Tais descobrimentos são naturalmente dotados de autoridade e têm significado social. Como diz Voegelin "[U]ma vez que se faz a descoberta, ela é dotada da qualidade de um apelo autorizado a cada homem para atualizá-lo em sua própria alma; a diferenciação do homem, a descoberta de sua natureza, é fonte de autoridade social" (idem, p. 256-57). A reconquista da ordem na sociedade desordenada depende da confrontação entre a verdade (*aletheia*) representada na alma de seu portador e a desordem da sociedade representada nas mentiras e ilusões (*doxai)* do dia. Os pensadores representativos que descobriram a *verdade* que Voegelin discute em *Ordem e História* deveriam ser vistos nesse contexto; eles ordenaram a própria alma de acordo com o *Agathon* (O Bem), e sua resistência à *doxa* (desordem) é o caminho que a sociedade tem de seguir para restaurar a *Eunomia,* a ordem justa.

Israel e a Revelação

No prefácio a *Israel e a Revelação*, primeiro volume de sua série *Ordem e História,* Voegelin escreve que "[a] ordem da História emerge da história da ordem".[2] A ordem é um problema inescapável para as sociedades políticas e está indissoluvelmente ligada à busca de significado. Grandes sociedades, "começando com as civilizações do Oriente Médio antigo, criaram uma sequência de ordens, inteligentemente conectadas umas às outras como avanços ou regressos a uma simbolização adequada da verdade concernente à ordem do ser do qual a ordem da sociedade é parte" (*OH I*, p. 19). O estudo de Voegelin da ordem e da História explica as "sequências de ordens" e como estão "conectadas inteligivelmente". Ou seja, as lutas por ordem em grandes sociedades são frequentemente comparáveis e até

[2] Para uma discussão mais ampla da filosofia da História de Voegelin, ver Eugene Webb, *Eric Voegelin: Philosopher of History* [Eric Voegelin: Filósofo da História], Seattle, University of Washington Press, 1981; e Voegelin, "Configurations of History" [Configurações da História], in: *Collected Works* [Obras Reunidas], v. 12, *PE 1966-1985*, p. 95-114.

mesmo, às vezes, equivalentes.[3] Há, acreditava Voegelin, uma "estrutura inteligível da História". A revelação dessa estrutura inteligível da História é "uma realidade para além dos planos dos seres humanos concretos – uma realidade cuja origem e fim são desconhecidos e que por essa razão não pode ser alcançada com a compreensão de uma ação finita" (idem, p. 19-20).

Voegelin defende que a origem e o fim da História é um mistério, compreensão esta da história que separa a filosofia da história de Voegelin das construções ideológicas encontradas em Hegel e Marx. Ao contrário desses pensadores, Voegelin não afirma que entendeu o fim da História. Nem sua filosofia da História foi oferecida como meio de transformar a natureza e a sociedade humana. A natureza humana é fixa e constante, e o descobrimento da verdade acerca do processo histórico e da natureza humana não terá necessariamente um efeito positivo na ordem social e política. Além disso, "a amnésia com relação às façanhas do passado é um dos mais importantes fenômenos sociais" (idem, p. 19). "A verdade da ordem tem de ser conquistada e reconquistada na luta perpétua contra a queda (...)" (idem, p. 24). Novas intelecções e suas expressões acessórias podem representar desafios a compreensões mais antigas da verdade, e, portanto, ser politicamente destruidoras. "O aparecimento de Platão não mudou o curso da crise helênica, o caso de Nietzsche não serviu como exemplo de aviso para a Alemanha nem o aparecimento de Dostoiévski fez mossa no sistema czarista" (*FER*, p. 180). As sociedades em crise espiritual são as mais propensas a conquistar novas e diferenciadas intelecções na verdade da existência humana, mas elas também não são facilmente restauradas para a ordem. Pode acontecer de o filósofo, o poeta ou o profeta poder salvar sua própria alma e a de alguns outros poucos, mas a sociedade particular em que ele vive estar para além da reconquista. No entanto, como indicado no capítulo 4, isso não significa que a diferenciação seja desimportante para a restauração da ordem

---

[3] Athanasios Moulakis, introduçao do editor a *HPI I* (*Hellenism, Rome, and Early Christianity*) [Helenismo, Roma e o Cristianismo Primitivo], p. 43.

política. Pois a substância ordenadora da diferenciação (*i.e.*, a experiência engendradora e sua articulação simbólica) provê o capital filosófico com o qual novas ordens são criadas, que vêm à existência muito depois de ocorrer a diferenciação original.[4] Qualquer que seja o caso numa sociedade particular, a luta pela existência e pelo significado dá um registro histórico da busca de ordem, que é especialmente relevante a uma civilização, como o Ocidente, que está vendo a desintegração de dentro porque perdeu contato com seu significado.

Por mais vasta que seja a análise histórica de Voegelin, ele defende uma visão sóbria do que pode ser conhecido acerca da revelação da verdade na História. Ele se opõe inexoravelmente ao que chama programas "pare a história", que dizem ter-lhe descoberto o significado último, e, consequentemente, declaram-lhe o fim. Hegel, Marx e Francis Fukuyama são exemplos representativos desse gênero de historicismo. O que quer que se possa dizer acerca da História e da participação humana nela, "nenhuma resposta [acerca do significado da História] pode abolir o processo histórico de consciência do qual emergiu" (*OH IV*, p. 125). Para Voegelin, o conhecimento histórico tem uma utilidade mais sóbria.

A sobriedade de Voegelin contrasta com as visões apocalípticas da história, incluindo a noção de apocalipse metastático, *i.e.*, "uma metástase da realidade por meio de um ato de fé" (*AR*, p. 68; *RA*, p. 108). Voegelin emprega os termos "fé metastática" e "apocalipse metastático" para descrever a profecia de israelitas como Isaías, que aconselhou o rei de Judá "a não confiar nas fortificações de Jerusalém e na força de seu exército, mas em sua fé em Javé. Se o rei tivesse fé verdadeira, Deus se ocuparia do restante e produziria uma epidemia ou um pânico entre os inimigos, dissipando o perigo que assolava a cidade. O rei teve bom-senso o suficiente para não seguir

---

[4] Para uma análise dos antecedentes históricos da ordem social e política americana por um erudito que foi influenciado pela obra de Voegelin, ver Russel Kirk, *The Roots of American Order* [As Raízes da Ordem Americana]. Washington, D.C., Regnery Gateway, 1991.

o conselho do profeta e confiar, pelo contrário, nas fortificações e no aparato militar. Ainda assim, havia o postulado do profeta de que, por meio de um ato de fé, a estrutura da realidade podia ser efetivamente modificada (loc. cit.; ver também *OH I*, p. 502-09). Ao passo que Voegelin reconhece a possibilidade de uma "mudança no ser" que muda a ordem; ele é cuidadoso em explicar que isso não é "um salto para fora da existência" (*OH I*, p. 49). A sintonia com o fundamento divino do ser experienciada como conversão (a *periagoge* platônica) não é uma fuga da estrutura da realidade, mas a participação e consciência dela. Além disso, permanece o problema da existência mundana até a morte do indivíduo e até a desintegração política para a sociedade. Em suma, a diferenciação não muda a natureza do homem. No resultado da diferenciação, "o homem ainda existe sob Deus no mundo, dentro dos limites estabelecidos por sua natureza, dentro da sociedade e da História, com todas as obrigações e responsabilidades que a existência impõe" (*PE 1953-1965*, p. 174).

A filosofia da História de Voegelin visa servir como uma contrapartida cultural e intelectual a ideologias de fé metastática. Voegelin frequentemente faz esse mesmo contraste. Por exemplo, ele conclui o prefácio de *Israel e a Revelação*, observando que "a [i]deologia é existência em rebelião contra Deus e contra o homem. É a violação do Primeiro e do Décimo Mandamento (...) [É] o *nosos*, a doença do espírito (...)". A filosofia, em contraste, "é o amor do ser através do amor do Ser divino como fonte de sua ordem". Voegelin faz um paralelo entre as circunstâncias históricas de Platão e o estado contemporâneo de crise. "[D]esde que Platão, na desordem de seu tempo, descobriu a conexão [entre as funções de diagnóstico e terapêutica da filosofia], a inquirição filosófica tem sido um dos meios de estabelecimento de ilhas de ordem na desordem da época" (*OH I*, p. 24).

Para emergir a ordem da história, a análise teorética tem de manter o foco nas experiências de ordem e nas instituições correspondentes de sociedades particulares. A interpenetração de experiências de ordem e de instituições cria uma "forma" que pode ser analisada teoreticamente. Três de tais formas são a forma cósmica, a forma histórica e a forma filosófica. Como argumentou Voegelin em *Israel e a Revelação*, a sociedade egípcia é um exemplo de uma forma cósmica, ao passo que Israel e o cristianismo são exemplos de formas históricas (*OH I*, p. 165).[5] A forma histórica só é possível com a diferenciação do Deus transcendente-do-mundo, que forma o fundamento da História universal. Mas os israelitas nunca alcançaram o nível de compreensão que é a forma filosófica (idem, p. 286-87).

O movimento ou a diferenciação de uma forma simbólica para outra – como foi o caso na antiga Grécia, no movimento do mito para a filosofia – tem implicações para as instituições sociais e políticas e para a ordem. Por um lado, a diferenciação é em si mesma o resultado da resistência à desordem social. O rompimento com a forma mítica ocorre como resultado do descobrimento da alma como fonte de ordem, em vez do cosmos (governado pelos deuses), o que é identificado como a fonte de ordem na forma cósmica. O mito é a forma simbólica que expressa a experiência de um cosmos "cheio de deuses". A filosofia e a revelação são formas simbólicas que expressam a experiência do Universo sob um Deus transcendente-do-mundo (*PE 1953-1965*, p. 144). Além disso, o Deus transcendente-do-mundo simbolicamente articulado através da filosofia e da revelação é um Deus transcendente universal. Ao passo que a compreensão cosmológica de ordem está na "ordem divina *visível* em que o homem tem de integrar sua existência", a filosofia e a revelação denotam uma nova compreensão que enfatiza "a ordem divina *transcendente* com que o homem tem de sintonizar sua existência" (loc. cit., ênfase acrescentada). Voegelin assim resume

[5] Voegelin nota que "a história como forma em que uma sociedade existe tem a tendência de expandir seu reino de significado para incluir toda a humanidade – como tem de ser inevitavelmente, se a história é a revelação do modo de Deus para com o homem. A história tende a tornar-se história do mundo, como fez na primeira ocasião no Antigo Testamento, com sua linha magnífica da narrativa histórica desde a criação do mundo até a queda de Jerusalém" (*OH I*, p. 169-70).

a importância da diferenciação de uma ordem divina *visível* para uma ordem divina *transcendente*:

> Embora distribuam as ênfases diferentemente... elas são ainda experiências da mesma estrutura total do ser: nas experiências compactas do cosmos, exige-se a sintonia ritual com a ordem divina assim como os ajustes pragmáticos com sua ordem visível; em uma experiência diferenciada do Universo sob Deus, é necessário o ajuste pragmático da existência como a "medida invisível". O que está em jogo em ambos os casos é a verdade da existência humana, a verdade no sentido de uma vontade tanto de entender como de aceitar a *condicio humana* – embora isso exija o avanço em direção à experiência diferenciada do Ser transcendente, a fim de estabelecer explicitamente a intelecção de que a ordem do mundo não é "deste mundo" apenas, mas também do "mundo para além". (*PE 1953-1965*, p. 144)

Convém lembrar que Voegelin acredita que as experiências ordenantes e as instituições de uma sociedade estão inextricavelmente ligadas umas às outras. Se ocorrem novas experiências ordenantes, então são necessárias mudanças institucionais correspondentes para trazer as instituições à sintonia com essas experiências. "A descoberta da transcendência, da ordem espiritual e intelectual, embora ocorrendo nas almas de seres humanos individuais, não é matéria de 'opinião subjetiva'; uma vez que se faz a descoberta, ela é dotada da qualidade de um apelo autorizado a todo homem para atualizá-lo em sua própria alma; a diferenciação do homem, a descoberta de sua natureza, é uma fonte de autoridade social" (*OH II*, p. 256-57). Pode acontecer, entretanto, que a sociedade rejeite a experiência diferenciada e, então, não faça as mudanças institucionais e existenciais. Em tal situação, persistirá o simbolismo compacto existente. Voegelin explica que "o simbolismo permanecerá o mesmo no tempo, se necessário através de vários milênios, até que a compactação da experiência cosmológica se quebre através da abertura da alma para a revelação de Deus"

(*OH I*, p. 340). Embora a diferenciação não garanta mudança política nem social, ela muda permanentemente a consciência que o homem tem da verdade. O movimento do simbolismo compacto do mito cosmológico para a diferenciação da filosofia representa uma nova intelecção na ordem da realidade. Com essa diferenciação, o cosmos se tornou desdivinizado. Se a diferenciação se torna socialmente vibrante, a nova experiência de ordem muda a forma civilizacional da sociedade.

A simbolização cosmológica e o mito

Voegelin identifica três tipos de simbolizações da verdade: a cosmológica, a antropológica e a soteriológica. O foco de *Israel e a Revelação* está na forma cosmológica de simbolização, definida por Voegelin como "a simbolização da ordem política por meio de analogias cósmicas" (*OH I*, p. 78). Essa forma de simbolização conecta e integra as instituições políticas e sociais de uma sociedade, com a ordem do cosmo – ou seja, como a força ordenadora por trás dos ritmos da natureza (*e.g.*, a mudança das estações, as marés, as luas cheias, o tempo). Em suma, a parte visível do cosmos tem em si uma ordem que corresponde às leis naturais que governam o universo físico. A simbolização cosmológica "é a expressão mítica da participação, experienciada como real, da ordem da sociedade no ser divino que também ordena o cosmos (...) [O] cosmos e o *cosmion* político permanecem existências separadas, mas flui através deles um fluxo de ser ordenador e criativo (...)". Assim o cosmos como o *cosmion* político "são partes de uma ordem abrangente" (*OH I*, p. 66). As sociedades cosmológicas criam símbolos para expressar "o ponto da conexão física" entre o cosmos e o *cosmion* político. Voegelin emprega a palavra grega *omphalos* para representar essa classe de símbolos. Ele a descreve como "o umbigo do mundo, em que as forças transcendentes do ser fluem na ordem social" (idem, p. 67). Na Hélade o *omphalos* era a pedra em Delfos; na China, o símbolo de um *chung kuo* (idem, p. 67-69).

O descobrimento da ordem no cosmos visível dá às sociedades cosmológicas uma realidade concreta que serve como fundamento para a ordem social e política. Entretanto, só porque o cosmos contém um fundamento de ordem que orienta a vida política e social de sociedades particulares, isso não significa que essas sociedades copiem consistentemente a ordem do cosmos. As civilizações políticas oscilam continuamente entre a ordem e o caos. A ordem está desaparecendo. O movimento do caos para o cosmos – movimento da desordem para a ordem – e, então, de volta de novo é tão comum em sociedades cosmológicas que Voegelin o considera uma forma. De fato, a queda da ordem e a necessidade de uma renovação não estão limitadas às civilizações cosmológicas, mas são um problema universal da História. A história é "a tarefa eterna de reconquistar à pressão da existência mundana a ordem sob Deus" (idem, p. 471). De fato, a natureza perpétua dessa tarefa é parte da tensão histórica que os gnósticos consideram intolerável. Então, uma das características do gnosticismo é a crença de que a ordem possa ser restaurada permanentemente, que o movimento da ordem para a desordem possa ser evitado de uma vez por todas.

Outra deformação ideológica possível é a metástase. Voegelin explica que Isaías "tentou o impossível: fazer do salto no ser um salto para fora da existência num mundo transfigurado divinamente para além das leis da existência mundana". Uma vez que o salto para fora da existência seja concebido, o mundo existente é justaposto ao mundo transfigurado. O salto para fora da existência é, na linguagem de Platão, uma fuga do entremeio. A estrutura da existência e a natureza humana foram transformadas imaginativamente. Mas, como escreve Voegelin, "[a] constituição do ser é o que é, e não pode ser atingida pelas fantasias humanas". O tipo de personalidade que está inclinada a paixões metastáticas está em revolta contra o divino. "A vontade de transformar a realidade em algo que, por essência, não existe é a rebelião contra a natureza das coisas como ordenadas por Deus" (idem, p. 505-07).

Assim como Voegelin diz que o gnosticismo estava presente desde o começo do cristianismo, ele argumenta que as raízes da fé metastática do cristianismo estavam presentes "desde o começo da fundação mosaica, na concepção da teopolítica como o reino de Deus encarnado num povo concreto e em suas instituições" (idem, p. 506). De fato, Voegelin traça a conexão entre os símbolos metastáticos dos israelitas e da ordem judaica através do cristianismo até o gnosticismo moderno:

> Enquanto no desenvolvimento principal do cristianismo os símbolos metastáticos foram transformados em acontecimentos escatológicos para além da história, de tal modo que a ordem do mundo reconquistou sua autonomia, o *continuum* de movimentos metastáticos nunca se quebrou. Ele cerca intensamente, rivaliza e penetra o cristianismo na gnose e no marcionismo, e numa hoste de heresias antinômicas e gnósticas; e foi absorvido no simbolismo do próprio cristianismo através do Antigo Testamento, assim como através da Revelação de São João. Durante toda a Idade Média, a Igreja se ocupou da luta contra as heresias de compleição metastática, e, com a Reforma, esta corrente subterrânea voltou de novo à superfície, numa grande inundação – primeiro, na esquerda dos movimentos sectários e, então, nos movimentos de credo político e secular que pretendem obter a metástase por ação revolucionária. (Idem, p. 508)

Mas há uma diferença importante entre os sonhos metastáticos dos profetas hebreus e os pesadelos metastáticos de gnósticos modernos:

> Se os profetas, em seu desespero por Israel, se entregaram a sonhos metastáticos, em que a tensão da ordem histórica foi abolida por um ato divino de graça, ao menos eles não se entregaram a pesadelos metastáticos, em que o *opus* foi desempenhado por atos humanos de revolução. Os profetas podiam sofrer com Deus pela deserção de Israel, mas não podiam duvidar da

> ordem da história sob a vontade revelada de Deus. E já que eles não podiam duvidar, foram poupados da confusão intelectual acerca do significado da História. Eles sabiam que a História significava existência na ordem do ser como se tornara visível através da revelação. Não se podia ir até a revelação e representar a existência na ordem cósmico-divina depois de o Deus transcendente-do-mundo ter-se revelado. Não se podia fingir viver em outra ordem de ser do que a iluminada pela revelação. E, menos ainda, não se podia pensar em ir além da revelação, substituindo a constituição do ser por um substituto, feito pelo homem. O Homem existe *dentro da* ordem do ser: e não há nenhuma história *fora* da forma histórica sob a revelação. (Idem, p. 518)

O significado da filosofia da história de Voegelin é ilustrado por seu emprego de termos como "mito" e "experiência". O mito está conectado com a experiência porque o mito articula uma experiência com a transcendência. Voegelin distingue ainda entre experiência original e recriação imaginativa da experiência. As experiências engendradoras da realidade transcendente teriam importância limitada se não pudessem, de algum modo, reexperienciar; para terem significado social, elas têm de ser evocativas. Então, a imaginação desempenha um papel-chave na recriação da experiência engendradora, e esse é o papel do mito. Ele mantém vivas e vibrantes as experiências engendradoras com a realidade transcendente, dando aos indivíduos a oportunidade de reviver essas experiências com a transcendência que ordena a alma.

A experiência engendradora com a realidade transcendente não é uma ocorrência comum. Exige um tipo raro e especial de indivíduo que esteja aberto a tais experiências para responder a elas de uma maneira que capture o todo do movimento divino da alma. "Não crescem em árvores as personalidades religiosas que têm essas experiências e são capazes de submeter-se à sua autoridade. A sensibilidade espiritual do homem que abriu sua alma para a palavra de Javé, a confiança e fortaleza exigidas para fazer dessa palavra a ordem de existência em oposição ao mundo, e a imaginação criativa empregada em transformar o símbolo de ligação civilizacional no símbolo de liberação divina – essa combinação é um dos maiores e mais raros acontecimentos na história da humanidade" (idem, p. 241).

O significado que Voegelin dá ao mito é mais bem entendido no contexto de suas discussões históricas específicas. Por exemplo, ele discute o mito no contexto da história da criação no Gênesis. O relato da criação articulado no Gênesis não pretende ser um relato literal das origens do mundo. Explica Voegelin que "tal relato não é um corpo de proposições concernentes a acontecimentos testemunhados por um historiador, ou, quanto a isso, por ninguém. As histórias da Criação, de Noé e do Dilúvio, da Torre de Babel, e assim por diante, são mitos; e sua 'matéria' não é o conteúdo das histórias, mas as experiências simbolizadas por meios das histórias" (idem, p. 218). Enquanto o mito não é um relato de acontecimentos que alguém testemunha, "o [verdadeiro] mito incorpora a verdade de uma experiência" (idem, p. 219). A conclusão de que o mito acerca da criação, descrito no Gênesis, possa ser verdadeiro, mas não uma descrição precisa de como o mundo físico foi realmente criado, viola tanto a sensibilidade científica quanto a sensibilidade fundamentalista do pensamento moderno. A própria noção de que o mito possa, em qualquer sentido importante, ser verdadeiro parece contraintuitivo ao racionalismo moderno. No entanto, se Voegelin estiver correto, a verdade acerca da realidade transcendente não pode sempre ser descrita da mesma maneira que os fatos da realidade material são explicados. Mas a forma mítica é uma maneira que a verdade acerca de tal realidade pode ser articulada. A filosofia é outra. Seja qual for a forma que tome a simbolização, o que é primordial para o processo de diferenciação é a experiência.

Voegelin explica que "a ordem da sociedade e da história participa da ordem de Deus apenas à medida que o Deus transcendente universal seja experienciado como tal na fé de homens que ordenam sua existência à luz de sua fé, e, portanto, se tornam o centro representativo da sociedade e da história" (idem, p. 525). Mas o sucesso no reino político não é necessariamente uma indicação de a comunidade política estar sintonizada com o fundamento divino. Essa foi uma questão com a qual os profetas israelitas tiveram de lidar. Do mesmo modo, se o problema da ordem é metastasiado, como aconteceu com Isaías, então são fúteis as ações social e política. A única coisa que se pode fazer é esperar que Deus transforme o mundo e a natureza humana. Uma vez que os sonhos metastáticos ganhem a força da sociedade, uma vez que eles sejam prevalecentes na imaginação de uma porção significativa da sociedade, serão difíceis de purgar. A restauração da ordem em tais circunstâncias de desordem requer o reconhecimento de que "a ordem do ser é a ordem em que o homem participa através de sua existência enquanto ela dura; e a consciência do transitório, da presença da morte na vida, é o grande corretivo para sonhos futurísticos (...)". O sonho metastático ou visão têm de ser quebrados por indivíduos que podem opor a ele a visão da realidade que emerge da sintonia da alma com o divino. Aqui está o cerne do problema da ordem e história: "A ordem da sociedade na história é reconstituída através de homens que desafiam a desordem da sociedade em torno, com a ordem que experimentam em si mesmos" (idem, p. 536). Essa dimensão do problema da ordem foi uma preocupação de líderes cristãos como São Paulo e Santo Agostinho. Como Voegelin ilustra o ponto: "Os profetas tiveram de tornar claro que o sucesso político de Israel não era substituto para uma vida em obediência à instrução divina; os estadistas cristãos tiveram de tornar claro que a fé em Cristo não era substituto para um governo organizado (...) Os profetas tiveram de explicar que o sucesso social não era prova de justiça perante Deus; os pensadores cristãos tiveram de explicar que o Evangelho não era nenhum evangelho social; a redenção, nenhum remédio social; e o cristianismo em geral, nenhuma garantia de prosperidade coletiva ou individual" (idem, p. 227).

Volume II: O Mundo da Pólis

A análise que Voegelin faz da ordem e da história parte dos impérios do antigo Oriente Próximo e da emergência da revelação em Israel, no volume um, para a pólis helênica e a transformação do mito em filosofia nos volumes dois (*The World of the Polis* [O Mundo da Pólis]) e três (*Plato and Aristotle* [Platão e Aristóteles]). Nos impérios do antigo Oriente Próximo, o significado da existência foi simbolizado na linguagem do mito cósmico. Dessa compreensão compacta da realidade emergiu a compreensão mais diferenciada da realidade, entendida como revelação. A diferenciação da revelação está intimamente ligada à emergência da consciência histórica em Israel. Na pólis helênica, uma diferenciação paralela ocorre quando a filosofia rompe com a compreensão mais compacta da realidade, simbolizada no mito cósmico. Voegelin mostra que a mudança de Israel para a Hélade não é um movimento de avanço no tempo nem uma compreensão superior da verdade. Ele explica que "a experiência helênica de Deus como a medida invisível do homem não é nem uma sequência à experiência israelita do Deus que se revela na sarça ardente a Moisés, e no Sinai, a seu povo; nem mesmo um avanço inteligível para além dele no sentido em que ambas as experiências diferenciam uma nova verdade acerca da ordem do ser para além da verdade compacta do mito" (*OH II*, p. 67). Os saltos no ser que dão origem à diferenciação da revelação e da filosofia ocorrem mais ou menos ao mesmo tempo no Oriente Próximo e na civilização egeia. Ambos transcendem a forma cósmica, mas são independentes um do outro, e "diferem tão profundamente no conteúdo que se articulam em dois simbolismos diferentes da Revelação e da Filosofia" (idem, p. 67).

A significação histórica da Hélade é vista em sua articulação da forma simbólica da filosofia. O desenvolvimento da filosofia na Hélade tem uma genealogia elaborada, passando por pensadores como Homero, Hesíodo, Xenófanes, Sólon, Parmênides, Heráclito, Ésquilo e Tucídides. A diferenciação da filosofia permanece latente nesses pensadores antecedentes, mas explode nas obras de Platão e Aristóteles. "O descobrimento da alma", explica Voegelin, "assim como a luta por sua ordem (...) é um processo que se estende através de séculos e passa por mais de uma fase até alcançar seu clímax na alma de Sócrates e no impacto deste em Platão". Como consequência, "A Era do Mito é fechada", pois, "após Sócrates, nenhum mito mais é possível" (*OH III*, p. 187). Essa crença explica por que Voegelin dedicou a Platão e Aristóteles um volume separado. Muito do conteúdo de *O Mundo da Pólis* traça o desenvolvimento da filosofia na Hélade por meio da análise dos pensadores representativos que contribuíram para a diferenciação da filosofia. O mito compacto é substituído pela transcendência radical do *realissimum* (a realidade mais alta; o fundamento divino) divino. Voegelin mostra que "a ordem das sociedades concretas, das instituições da pólis e de seus simbolismos de culto politeísta, não foi formada pela filosofia; e os paradigmas da verdadeira ordem que se desenvolveram nas obras de Platão e Aristóteles nunca formaram a ordem institucional de nenhuma pólis concreta" (*OH II*, p. 94-95). Como as experiências ordenadoras de Israel, as experiências de ordem na Hélade "se tornaram forças ordenadoras numa escala histórica mundial" (loc. cit.) A filosofia, por exemplo, é o que Voegelin chama "uma força vivente" no mundo contemporâneo. Em outras palavras, o efeito ordenador de formas simbólicas como a filosofia e a história tem seu maior efeito social e político para além das circunstâncias em que são criadas.

A análise de Voegelin da ordem helenística se molda por sua intelecção de que não importa se o tópico é a *Ilíada*, de Homero, ou a *República*, de Platão, pois a questão primária é a etiologia da desordem e a restauração da ordem. Homero, por exemplo, estava procurando a verdade acerca da fonte do Mal. Como Voegelin cristalizou o ponto em sua discussão da *Odisseia*: "O que realmente está em jogo não é um progresso de moralidade ou teologia, mas a questão verdadeiramente teorética da natureza do ser no que diz respeito à ordem e à desordem da existência humana na sociedade" (idem, p. 170). O próprio Voegelin está procurando experiências primárias da ordem do ser. Essas experiências são, acredita ele, os fatores iluminantes que fazem conhecida a verdade acerca da ordem do ser. Equipado do conhecimento da ordem, o filósofo, o poeta ou o profeta está numa posição de comparar a ordem de sua sociedade com a ordem que ele descobre em sua própria alma, que foi movida pelas experiências da transcendência. Homero penetra no âmago do problema etiológico: a desordem social e política são causadas pela desordem da alma. Embora a Homero falte a compreensão mais profunda de Platão e Aristóteles, ele está a par de haver uma parte da alma humana que é orientada para o uno, o bom e o universal. A habilidade de perceber a vida como ela é depende da abertura existencial nesse sentido. De acordo com Voegelin, Homero estava tateando em direção à ideia da psique como o *sensorium* da transcendência.

> Sem ter um termo para isso, ele imaginou o homem dotado de uma psique com uma organização interna através de um centro de paixão e um segundo centro de conhecimento ordenador e julgador. Ele compreendeu a tensão entre os dois centros, assim como os truques que a paixão aplica a um melhor conhecimento. E esforçou-se valentemente para a intelecção de que a ação ordenadora é ação de acordo com a ordem divina transcendente, ao passo que a ação rompedora é uma queda da ordem divina para uma desordem especificamente humana. Podemos discernir as linhas obscuras da antropologia platônica, e até mesmo do postulado platônico de que Deus, e não as veleidades desordenadas do homem, deve ser a medida da ação humana. (Idem, p. 177)

Homero e Hesíodo estão se esforçando em direção à diferenciação da filosofia que substitui o mito como a forma simbólica na Hélade. Entretanto, o salto no ser não é feito por Homero nem Hesíodo, porque eles não diferenciam a fonte transcendente-divina de ordem. Voegelin explica que Homero e especificamente Hesíodo "alargaram o mito e o fizeram transparente em direção à ordem transcendente" (*OH II*, p. 195). Nesse sentido, Homero e Hesíodo são figuras de transição no movimento da compactação à diferenciação na Hélade. No nível da experiência, Hesíodo e Homero deram, em certo sentido, um salto experiencial, mas não deram o salto simbólico correspondente no sentido de articular uma compreensão mais profunda e uma explicação mais precisa da verdade, algo que ultrapassasse o mito cosmológico. Até que o descobrimento da fonte divino-transcendente de ordem alcance o ponto de articulação simbólica, o avanço para uma compreensão mais profunda da verdade não encontrou ainda o limiar da diferenciação. Isso não detrai as conquistas de Homero e Hesíodo, mas, ao contrário, indica que a contribuição deles para a história, no sentido de Voegelin, é a de figuras de transição, em vez de diferenciadores simbólicos.

No entanto, as intelecções de tais figuras de transição são úteis para a diferenciação posterior que ocorre. Platão constrói no que Homero e Hesíodo descobrem. Além disso, Homero, Hesíodo, Platão e Aristóteles são todos inspirados pela desordem espiritual e política de sua sociedade. A desordem cria a busca da ordem. No caso de Hesíodo, Voegelin especula que "foi a desgraça pessoal de Hesíodo, seu sofrimento com a injustiça, que o motivaram a romper o anonimato, a aparecer como o homem individual em oposição à ordem aceita, e a opor seu conhecimento da verdade contra a mentira da sociedade" (idem, p. 199). Voegelin afirma que existe uma conexão entre Hesíodo e os profetas israelitas que é responsável pela habilidade do cristianismo de penetrar e formar uma civilização mediterrânea. As experiências helênica e hebraica são paralelas porque lidam com o mesmo problema de ordem, e "[o]s símbolos paralelos são devidos ao gênio paralelo em perceber os fenômenos empíricos do mal" (idem, p. 231). Esse "gênio paralelo" surge da experiência comum deles da desordem social, a ansiedade da alma que ela engendra, e o descobrimento de que a desordem social tem raízes existenciais.

Hesíodo encara o problema que para sobreviver numa sociedade corrupta ele tem de tornar-se injusto. Essa experiência o leva em direção à diferenciação da alma como a força de ordem em oposição à desordem da sociedade, mas o "ser primário é ainda a ordem da realidade social e cósmica da qual o homem não é mais do que uma parte subordinada" (idem, p. 227). Para Hesíodo, "a alma está ainda inextricavelmente entretecida do fio da ordem cósmica e social; quando a ordem se torna injusta, a alma tem de tornar-se injusta também, porque a vida não tem sentido para além da vida dentro da ordem" (idem, p. 226). Explica Voegelin: "Hesíodo experimentou a ansiedade da desordem espiritual e descobriu sua conexão com a ordem da sociedade, assim como fizeram os profetas; e para a expressão de sua experiência, ele desenvolveu símbolos intimamente paralelos. Se o helenismo e o cristianismo puderam ser misturados numa civilização comum mediterrânea, foi por causa do ritmo paralelo do desenvolvimento espiritual da Hélade e de Israel; e na batida desse ritmo, Hesíodo marca compasso com os profetas" (idem, p. 225).

Volume III: Platão e Aristóteles

O volume três de *Ordem e História, Platão e Aristóteles*, é uma continuação da busca de ordem na pólis que Voegelin começou no volume dois. O desenvolvimento da ordem na Hélade culmina na diferenciação da filosofia; cria-se uma nova forma simbólica que representa uma compreensão mais profunda da natureza humana e uma penetração mais profunda na estrutura da realidade.

As intelecções filosóficas de Platão e Aristóteles são dependentes das intelecções fornecidas pelos pensadores e discutidas por Voegelin em *The World of the Polis* [O Mundo da Pólis]. De fato, *The World of the Polis* não apenas focaliza as conexões entre os pensadores pré-socráticos e a filosofia de Platão e Aristóteles, mas também antecipa a ruptura da filosofia.

A história da ordem na pólis, em outras palavras, está incompleta sem a diferenciação do Deus invisível na transcendência radical como a fonte da ordem. Além disso, a psique é entendida como o *sensorium* da transcendência, a habilidade do homem de sentir o puxão do divino (helkein) em direção ao *realissimum*. Nesse sentido, então, *Platão e Aristóteles* completa a história da busca por ordem na Hélade antiga. A filosofia de ordem de Platão, sua etiologia, molda a filosofia de Voegelin de ordem e história mais do que qualquer outro pensador, incluindo Aristóteles.

Voegelin observa que Platão rejeita uma vida de serviço público mesmo se for o chamado natural para alguém de sua posição social. Em vez disso, ele escolhe a vida de filosofia porque "compreendeu que a participação na política de Atenas era sem sentido se o propósito da política era o estabelecimento de uma ordem justa" (*OH III*, p. 59). Platão, como Sócrates, Tucídides e outros reconhecem que o nível de corrupção espiritual em Atenas é muito avançado para fazer da política uma prescrição eficaz. Através da experiência de Sócrates, Platão reconhece que "o poder e o espírito tinham se separado tanto na pólis que a reunião através de meios ordinários de ação política se tornara impossível" (idem, p. 62). A caracterização de Voegelin da situação em Atenas é desoladora, "nem Platão nem Sócrates regeneraram a ordem de Atenas. Sócrates teve de morrer nessa tentativa. E Dike [a justiça] não alcançou nenhuma vitória" (idem, p. 66). Voegelin captura o drama da desintegração da ordem ateniense em seus comentários acerca do palco de *Teeteto*. A geração mais jovem de Atenas está retornando da batalha à casa. Teeteto está "morrendo das feridas recebidas na batalha por uma pólis que lhe rejeita a alma mas emprega-lhe o corpo em defesa, como um pedaço de matéria inorgânica". Voegelin nota que essa condição social ilustra "a raiva fria de Platão que é compelido a viver em obediência a um governo da besta que faz morrer os melhores pela besta e para a besta" (idem, p. 197).

O tratamento que Voegelin dá à crise ocidental e sua prescrição para a reconquista da ordem seguem, em grande parte, a filosofia de ordem de Platão. Para a ordem ser renovada é necessário reconquistar as experiências de ordem que podem, se elas alcançarem a vitalidade social, reorientar as almas dos indivíduos. Isso é o que Voegelin chama "a força divina e regeneradora da ordem" que tem de se tornar uma força viva na sociedade (idem, p. 61). Então, o problema da ordem é primordialmente, e mais do que tudo, um problema de consciência humana e vontade ética, não um problema de política. A reforma política é secundária e predicada da existência de governantes cuja alma foi aberta e ordenada pelo poder da busca pelo fundamento divino do ser. Isso não quer dizer que a situação em Atenas fosse sem esperança. O esforço de Platão de restaurar a ordem em Atenas inclui sua crença em que "[m]esmo o político ou sofista mais teimoso, que, em público, não ouvirá o filósofo, ainda é homem e pode ser despertado em privado. A concha dura de sua corrupção pode ser penetrada e a ansiedade de existência pode ser tocada". Além disso, Sócrates não morre em vão. De sua morte surge a força de Tânatos, "a força que ordena a alma do vivente, pois ela os faz desejosos de livrar-se de tudo o que não seja nobre e justo (...). Tânatos se torna o poder catártico que cura a alma da doença da Terra" (idem, p. 66-67). E mais, o Eros da alma socrática provê a substância formadora de comunidade entre os participantes no diálogo para a criação de uma nova ordem. Mas para receber a sabedoria de Platão é necessário tornar a própria alma para seu poder ordenador.

Os diálogos platônicos fornecem o fundamento para a filosofia de ordem. A análise que Voegelin faz do *Górgias* e da *República* inclui caracterizações de desordem que podem facilmente ser vistas como descrições do Ocidente contemporâneo, conexão que Voegelin torna explícita quando escreve, por exemplo, numa discussão da confrontação e tensão entre Cálicles e Sócrates, que "[a] situação é fascinante para aqueles dentre nós que se encontram na posição platônica e que reconhecem nos homens com quem nos associamos hoje os proxenetas intelectuais que serão, amanhã, cúmplices de nossa morte" (idem, p. 91). Na verdade, tanto a resistência de Platão quanto a de

Voegelin à desordem têm implicações revolucionárias. No contexto de sua análise do *Górgias*, Voegelin indica que a legitimidade de Atenas está em questão e que os responsáveis são líderes políticos corruptos como Cálicles. Se Sócrates está correto em sua análise da situação, então o regime perdeu sua autoridade moral para governar; o povo pode reconsiderar sua lealdade à liderança atual. Como diz sucintamente Voegelin: "A existência da sociedade na história está em jogo" (idem, p. 82). A esperança de uma restauração da ordem depende da habilidade do filósofo de alcançar a consciência de outros no nível do *páthos*. Nesse nível de experiência comum, o filósofo tem uma oportunidade de virar a alma dos indivíduos corruptos para o Bem, contanto que esses indivíduos estejam, ao menos em algum grau, abertos à verdade da filosofia: "Por trás dos comportamentos duros, apoiados intelectualmente, que separam os homens está a *pathemata* que os une. Por mais falsa e grotesca que possa ser a posição intelectual, o *páthos* no cerne tem a verdade de uma experiência imediata. Se se puder penetrar nesse cerne e redespertar num homem a consciência de sua *conditio humana*, torna-se possível a comunicação no sentido existencial" (idem, p. 83-84). A crença de que as almas endurecidas possam ser alcançadas no nível do *páthos* é uma das razões pelas quais a resposta prescritiva de Voegelin à crise ocidental é reconquistar a *experiência* de ordem e transcendência. No nível da experiência remanesce uma consciência da realidade que é mais difícil de desprezar do que a verdade contida em proposições ou dogmas. Para mover as almas em direção ao *Agathon*, o filósofo tem de confrontar almas desordenadas de uma maneira que inutilize sua falta de vontade de envolver-se na busca da realidade transcendente (logofobia) e cultivar uma vontade de procurar a ordem e a verdade.

Mas e quanto às almas que não podem ser alcançadas, como é o caso de Cálicles no *Górgias*? E se os líderes políticos e sociais resistirem à conversão até mesmo no nível do *páthos*: Essas condições garantem resistência física ou política? Está em ordem a revolução política? No arcabouço voegeliniano a resposta é a mesma que a de Platão: não. Para o filósofo, a resistência à desordem tem de ser espiritual, e não política ou física. O filósofo tem de trazer à luz a corrupção política e moral. E se a "comunidade da humanidade" não puder ser restaurada na História, então o será na vida após a morte, em que a justiça é premiada e a injustiça é punida. "A incrustação de um fazedor do mal que permanece impenetrável ao apelo humano cairá na morte e deixará a alma nua diante do juiz eterno. A ordem que foi quebrada em vida será restaurada na vida após a morte" (idem, p. 84). De novo pode-se ficar com a impressão de que Voegelin considera a política, sob certas condições, muito inútil.[6] Sócrates, Platão e Aristóteles não salvam nem podem salvar Atenas. No entanto, vale enfatizar que a resistência deles à desordem ateniense não é em vão. Enquanto Atenas pode estar perdida, a "ordem autorizada é transferida" a Platão, que preserva a experiência de ordem em Atenas para gerações e sociedades futuras. "[A] ordem representada por Platão sobreviveu a Atenas e é ainda um dos mais importantes ingredientes na ordem da alma daqueles homens que não renunciaram à tradição da civilização ocidental" (idem, p. 92).

Não apenas a filosofia platônica não salva Atenas, mas a condena por seu julgamento e execução de Sócrates. Com respeito a sua filosofia de ordem e história, é poderosa a caracterização de Voegelin da conclusão do *Górgias*:

> A revolução de Platão é um chamado radical para a regeneração espiritual. O povo de Atenas perdeu a alma dessa. O representante da democracia ateniense, Cálicles, é existencialmente desordenado; os grandes homens da história ateniense são os corruptores de seu país; as cortes de justiça de Atenas podem matar fisicamente um homem, mas a sentença delas não tem nenhuma autoridade moral de punição. A *raison d'être* fundamental de um povo, a qual percorre a história em parceria com Deus, desapareceu; não

[6] Voegelin acreditava que "há tempos em que a ordem divinamente procurada não é realizada humanamente senão na fé de sofredores solitários" (*OH I*, p. 519).

> há nenhuma razão por que Atenas deva existir, considerando o que é. O *Górgias* é a sentença de morte de Atenas (idem, p. 93).

As consequências políticas e sociais da diferenciação da filosofia dependem da vontade da sociedade de viver de acordo com a verdade articulada pelo filósofo. A *República* de Platão, como o *Górgias,* é escrita no contexto de uma sociedade cuja geração mais jovem procura em vão a ordem correta. A geração mais jovem tem dificuldade em formar a ordem correta de sua alma em razão da ausência de *spoudaioi* (homens maduros). A esperança para Atenas é reconhecer Sócrates como seu salvador. Mas Atenas rejeita a sabedoria da filosofia e, então, é privada de sua existência histórica. Ou seja, Atenas continua a existir como uma entidade física concreta, mas deixou de existir no nível da sintonia espiritual.

Uma das intelecções principais de Platão na *República* é o que Voegelin chama o "princípio antropológico", a ideia de que a pólis é o homem escrito em letra maiúscula. Essa intelecção fundamental tem implicações para a ordem política. Significa que as instituições são de importância secundária ao caráter dos governantes, e uma boa sociedade pode existir apenas se os governantes que dão o tom numa sociedade têm almas ordenadas corretamente. Voegelin toca nesse ponto quando caracteriza a visão de Platão como sendo a de que "matérias legislativas [como o direito civil, comercial e penal] tomarão conta de si mesmas apenas se as almas dos governantes legisladores estiverem em boa ordem" (idem, p. 141). Essa ordem não se cria através de arranjos institucionais, mas pela "psique do fundador ou governante que imprimirá o modelo de sua alma nas instituições" (loc. cit.). Ao passo que a ordem das almas dos governantes é a força de ordenação primária na sociedade, a ordem das almas dos filósofos só pode ter influências políticas e sociais limitadas. Ao contrário, o papel do filósofo é prover um paradigma da ordem correta para a Academia. Essa conclusão sugere que tanto a filosofia quanto o filósofo estão moralmente comprometidos pela participação na política. A ordem mais profunda da alma, indica Voegelin, seguindo Platão, exige distância da política. E na mente de Voegelin, a delimitação que Platão faz da política precede a noção de Agostinho da cidade de Deus (idem, p. 146).

Aristóteles

A seção que Voegelin dedica a Aristóteles no volume três de *Ordem e História*, assim como a seção acerca de Platão, é uma combinação de exposição, exegese e análise, mas não é nem de longe tão abrangente, nem tão condescendente quanto a análise que Voegelin faz de Platão. Voegelin dedica a Aristóteles aproximadamente metade do espaço que dedicara a Platão, e considera Platão um empirista melhor e um pensador superior. Ele diz que algumas partes da especulação de Aristóteles "terminam num impasse sério", porque sua metafísica imanentista penetra até a dimensão religiosa da *nous*, mas não "reconhece a formação da alma humana pela graça" (*OH III*, p. 419). A filosofia política de Aristóteles precede a diferenciação cristã dos reinados temporal e espiritual, e Aristóteles reconhece a presença divina na alma, mas não descobre a realização transcendente como um acontecimento fora da História. Para Aristóteles, a realização da natureza humana permanece parte da existência imanente. Voegelin acredita que Aristóteles esteja "falhando na experiência de fé, a *fides caritate formata* no sentido tomista". De fato, "a amizade entre Deus e o homem é impossível". "A posição aristotélica não permite uma *forma supranaturalis*, pela elevação da natureza imanente do homem através da criação sobrenatural do amor de Deus." Os deuses aristotélicos não "alcançam a alma e a forma em direção a seu destino". A visão de Aristóteles, escreve Voegelin, é que "a natureza humana encontra sua realização imanentemente. A transcendência não transforma a alma de tal maneira que ela encontra a realização na transfiguração através da Graça na morte" (idem, p. 419-20).

Platão chega muito mais perto da diferenciação cristã. No entanto, como deixa claro a análise de Voegelin, Aristóteles é um pensador importante na história da ordem. Como foi o caso de Platão, a filosofia política de Aristóteles mostra uma consciência histórica. Para Aristóteles, o problema da ordem não está confinado a Atenas nem a uma sociedade particular. A busca da ordem e o descobrimento da realidade transcendente que ela engendra é relevante para toda a humanidade. De fato, a ciência política de Aristóteles "é inseparável de uma filosofia de existência histórica" (idem, p. 356). No entanto, Voegelin também observa que "[a] ordem da sociedade na História é teoreticamente irrelevante para Aristóteles porque ele está convencido de que se pode realizar uma ordem perfeita dentro da História; a ordem da história mesma se torna de um interesse absorvedor apenas quando se reconhece a perfeição como símbolo de realização escatológica para além da história" (idem, p. 390).

Aristóteles argumenta que a ordem política e social dependeu de ter uma predominância de líderes com almas ordenadas, não do equilíbrio de indivíduos em competição ou de interesses de classes. Então, sua filosofia política toma emprestado de Platão o princípio antropológico. Quando a classe dominante de almas ordenadas (*spoudaioi*) não dá o tom na sociedade, segue-se a desordem. Aristóteles não acreditava que Atenas tivesse um número suficiente de tais *spoudaioi* para realizar a melhor pólis. Em consequência, enquanto Aristóteles acreditava que a ordem perfeita podia ser realizada na história, não acreditava que a realização da ordem perfeita fosse possível em Atenas. Voegelin argumenta que essa avaliação da ordem ateniense fez Aristóteles considerar "novas comunidades espirituais para além da pólis histórica do tempo", mas ele nunca alcançou o ponto de diferenciação porque seu horizonte teorético era limitado pelas fronteiras da pólis (idem, p. 410). Aristóteles estava profundamente a par das restrições que dão à ordem sua qualidade ética. A constituição apropriada de uma dada sociedade não é, então, para Aristóteles, uma questão abstrata. A resposta é contingente no *éthos* societal particular. O melhor regime não é descoberto de uma vez por todas, mas exige uma busca repetida da harmonia apropriada e prudente entre a forma política e as condições sociais. Aristóteles entende o quão precária é a ordem da boa sociedade. Além disso, ele se dá conta de que a ordem é formada por um modo de vida e não pela transmissão de informação. A política é acerca da arte da alma, e o *bios theoretikos* e o *spoudaios* são indivíduos raros que, em vários graus, alcançaram a ordem em sua alma, e são, portanto, úteis para a formação de uma ordem política justa. Eles são modelos nos quais se deve medir a ação política; são modelos de cuja emulação a justiça depende. O resultado da luta pela ordem e a resistência à desordem formam a substância da História assim como a substância civilizacional da sociedade em que a vida de ordem é vivida.

Para Aristóteles, a ordem política e a alegria existencial são predicados do domínio do *noûs* na vida ética. *Noûs* é a parte da alma "em que o homem transcende sua mera humanidade em direção ao fundamento divino" (idem, p. 361). Esse processo de orientação da alma para o fundamento divino é chamado "imortalizar". Os seres humanos têm de descobrir e ser governados pelo elemento divino em suas almas se a política e a vida quiserem ser bem ordenadas. *Homonoia*, que Aristóteles considera essencial para a ordem da pólis, é uma comunidade de indivíduos que têm a ordem comum do *noûs*. Voegelin explica que "[a] ordem especificamente humana da sociedade é a ordem criada através da participação do homem no *noûs* divino; a ordem justa na sociedade será realizada no nível em que a potencialidade da ordem noética se tornar atualizada na alma dos homens que vivem em sociedade. A justiça é, em última instância, fundada no *noûs* e na *philia*" (idem, p. 375).

6. Filosofia da Consciência

A filosofia política de Voegelin, à medida que amadureceu, tornou-se mais abstrata e menos concreta politicamente. Suas primeiras obras – os volumes de *A História das Ideias Políticas,* e especialmente de *Ciência, Política e Gnosticismo* – estão repletas de referências à política. Em comparação, suas obras mais tardias, como *Em Busca de Ordem*, são politicamente agnósticas, apolíticas ou até mesmo antipolíticas.[1] Nelas, dá-se maior atenção ao descobrimento da estrutura da realidade e ao processo que ilumina a busca filosófica da verdade na consciência humana, ao passo que são esparsas as conexões entre a busca do fundamento divino e da política. Considerando sua tendência de ver o transcendente como algo para além da vida imanente da política, não é de surpreender esse movimento na obra de Voegelin. Poucos seguidores de sua obra parecem mostrar-se desapontados com isso ou mesmo reconhecer essa mudança de ênfase, mas aos interessados na filosofia política é claro que suas obras anteriores são mais ricas e mais relevantes. É natural, como deve ser agora evidente, que mesmo as obras iniciais de Voegelin podem ser tachadas de abstração filosófica. Voegelin tende a conceber a transcendência de um modo que faz sua aplicação à política muito desajeitada e

---

[1] Uma obra interessante que trata da relevância da obra de Voegelin quanto às questões de ordem é J. Ranieri, *Eric Voegelin and the Good Society* [Eric Voegelin e a Boa Sociedade]. Columbia, Mo., University of Missouri Press, 1995.

hesitante, problema que será tratado amplamente no próximo capítulo. Para nós, então, a questão é como a filosofia da consciência, de Voegelin, é relevante para a vida política e social.

A Era Ecumênica

Com o quarto volume de *Ordem e História*, Voegelin rompe o plano original da série. Assim a *Era Ecumênica* e o quinto volume, *Em Busca de Ordem*, são dirigidos mais para a construção de uma filosofia da consciência do que para uma filosofia da ordem e da história. Ao explicar o propósito desses dois volumes no final da introdução à *A Era Ecumênica*, Voegelin reenfatiza que o problema central que define a crise do Ocidente é que os símbolos de experiência transcendente perderam seu significado e têm de ser restaurados para a consciência. O que fica no caminho da recuperação "é o bloco maciço de símbolos acumulados, secundários e terciários, o que eclipsa a realidade da existência do homem no Entremeio" (*OH IV*, p. 107). Então, os dois volumes finais de *Ordem e História* tentam apresentar "a gênese do problema ecumênico e suas complicações" (*The Ecumenic Age* [A Era Ecumênica]) e "estudar os problemas contemporâneos que motivaram a busca de ordem na história" (*In Search of Order* [Em Busca da Ordem]; *OH IV*, p. 107).

O "problema ecumênico", na terminologia de Voegelin, é a tarefa de analisar materiais históricos variados e experiências de uma série de civilizações com o objetivo de encontrar um sentimento comum. Esse modo pluralístico de historiografia revela que a consciência se desenrola não de uma maneira organizada e linear, mas de uma forma que desafia a compreensão humana. Voegelin traça o desenrolar da consciência e descobre sua estrutura como que de rede, mas conclui que, em última análise, "é um mistério n[o] processo de revelação" (idem, p. 51). Então, o estudo de Voegelin da ordem e da história não termina num pronunciamento acerca do significado último, mas, ao contrário, exatamente onde começa, com a continuação da busca de ordem na experiência histórica que para o filósofo só termina com a morte.

A Era Ecumênica começa com a descrição da historiogênese, termo de Voegelin significando "especulação sobre a origem e causa da ordem social" (idem, p. 109). Voegelin classifica a historiogênese através de três outras formas especulativas: teogonia (a origem dos deuses), antropogonia (a origem do homem) e cosmogonia (a origem do cosmos). Cada forma de especulação corresponde a um "setor da realidade" (os deuses, o homem, o cosmos, a sociedade) experienciado por seres humanos (assim, o começo de Voegelin para o volume um de *Ordem e História*: "Deus e homem, mundo e sociedade formam uma comunidade primordial do ser"). Esses quatro setores "exaurem a possibilidade de especulação acerca da origem do ser" (idem, p. 111). Ele observa que "a historiogênese é uma das grandes constantes na busca [de] ordem desde a Antiguidade até o presente", como pode ser encontrado no Oriente, Israel antigo e nos impérios ecumênicos da China, da Índia e de Roma. Pode ser identificada também na especulação moderna acerca da origem e do fim da história. É uma "constante milenar" (idem, p. 117). Tem como objetivo primário a busca do fundamento. A especulação historiogenética – como as especulações teogônica, antropogônica e cosmogônica – ilumina a realidade do fundamento do ser através da criação de símbolos inspirados pelas experiências. Quando o simbolismo da busca permanece no nível do mito, é classificado como cosmológico. A especulação mítica, "especulação dentro do meio do mito", é uma combinação de *mitopoese* (fazer mitos) e *noese* (a atividade do *noûs*), que não se enquadra nem na categoria da compactação cosmológica nem na diferenciação noética. A diferenciação noética é o movimento que se distancia da consciência compacta e de sua articulação correspondente de realidade na forma de mito. Marca o nascimento da filosofia. A especulação mítica é uma posição intermediária entre as duas formas de símbolos da *mitopoese* e da *noese*. A especulação mítica é especulação sobre o começo (criação) e o *para além* (transcendente) articulados através de mitos; é parte da busca das origens da ordem. A historiogênese, então, é confinada pela consciência cosmológica.

A era ecumênica é o período da História desde a ascensão do Império Persa até a queda do Império Romano e a ascensão das civilizações bizantina, islâmica e ocidental (idem, p. 188).[2] Voegelin descreve isso como "o período em que várias sociedades concretas, que tinham existido formalmente de maneira ordenada e autônoma, foram lançadas num poder político através de expansões pragmáticas de vários centros". O período é significativo para a ascensão das grandes religiões, incluindo não apenas o cristianismo, mas também "os aparecimentos de Confúcio e Lao-Tsé na China; de Buda, na Índia; de Zoroastro, no Irã; dos profetas, em Israel; do filósofos, na Hélade". O período marca um progresso em direção à diferenciação de uma ordem universal de humanidade que se estende para além das fronteiras físicas e políticas do império e do mundo. É um tempo de notável desenvolvimento espiritual que Voegelin descreve como "uma abertura dos horizontes espiritual e intelectual que elevou a humanidade a um novo nível de consciência", uma consciência "de obter uma nova verdade da existência humana" (*PE 1953-1965*, p. 135-36).

Voegelin, na verdade, identifica duas eras ecumênicas que se desenrolam paralelamente no tempo, uma no Ocidente e outra no Extremo Oriente. Mas a identificação de duas eras ecumênicas não denota duas humanidades com duas histórias separadas. Há "uma humanidade com uma história" e isso é indicado "por força da participação na mesma corrente de presença divina" (*OH IV*, p. 377). O mesmo Deus se revela no Oriente e no Ocidente, e os seres humanos que experienciam a presença divina na consciência humana

[2] Eugene Webb mostra que Voegelin é inconsistente ao datar as fronteiras históricas da Era Ecumênica. Ver Webb, *Eric Voegelin: Philosopher of History* [Eric Voegelin: Filósofo da História]. Seattle, University of Washington Press, p. 249, n. 13.

respondem na mesma estrutura da realidade. A estrutura comum da realidade que inclui a natureza universal do homem e a estrutura universal de consciência que coloca os homens em todas as sociedades na comunidade humana que Voegelin chama humanidade universal. As diferenças entre civilizações, então, são devidas a diferenças de forma simbólica, ao grau de compactação ou diferenciação que alcançaram, e às exigências de ordem que são, elas mesmas, atingidas por condições culturais. Entretanto, a substância da história é sempre o processo de consciência diferenciadora, e o desenrolar desse processo é a história.

Voegelin diz que o elemento definidor da era ecumênica é a diferenciação entre a verdade da existência e a verdade do cosmos. Ele se volta para Platão como exemplo de um pensador que compreendeu que "a alma descobre o significado da existência como um movimento na realidade em direção à luminosidade noética" (idem, p. 246). Obtém-se a consciência noética quando Platão e Aristóteles descobrem que o divino está presente na consciência do homem e que a consciência do homem é movida pelo intelecto divino. Essa diferenciação é uma compreensão mais profunda do processo de consciência do que a intelecção cosmológica compacta de que o divino está presente no cosmos; em outras palavras, ela ilumina ainda mais a realidade e "[q]uando o processo de realidade se torna luminoso, aparece na história uma linha de significado" (idem, p. 253). Dizer, no entanto, que existe uma linha de significado não significa que termina o processo que ilumina a estrutura da realidade na história; ele continua. Isso explica, em parte, o foco de Voegelin nos dois volumes finais de *Ordem e História* na estrutura da consciência. Ele define a consciência como "a área da realidade em que o intelecto divino (*noûs*) move o intelecto do homem (*noûs*) para envolver-se na busca do fundamento" (idem, p. 249). Os seres humanos estão em busca (*zetesis*) do divino, e essa busca é engendrada por uma atração do divino (*kinesis*). Esse processo tem a característica de participação mútua que Aristóteles chama *metalepse*. Para Voegelin, descobrir o processo de consciência que faz a realidade tornar-se luminosa requer que o filósofo ultrapasse obstáculos, como doutrinação e pneumopatologia, que impedem a busca aberta pela realidade e tornam opaco o processo.

Voegelin reconhece que há uma tentação de escapar da busca pelo fundamento divino. Ele se refere a um tipo de escapatória como "êxodo concupiscente", que é uma busca por novos mundos. Esse estado de consciência é evidente no romantismo manifestado, por exemplo, em alguns defensores da exploração espacial.[3] Escreve Voegelin que "vivemos numa época de outros mundos além do nosso, de invasões de Marte, e de discos voadores. Tudo serve, contanto que se evite a confrontação com o mistério divino da existência" (idem, p. 273). Mas Voegelin recorre ao *dictum* de Anaximandro: "A origem (*arche*) das coisas está no Apeiron. (...) É necessário que as coisas pereçam naquilo de que nasceram; pois elas pagam umas às outras a penalidade por suas injustiças de acordo com as ordens do Tempo" (idem, p. 277-78). Voegelin, sempre firme em sua convicção de que a estrutura da natureza humana é inescapável e que a política não pode ser usada para transgredir as fronteiras da realidade, lembra-nos do significado do *dictum* de Anaximandro: "Se a realidade for entendida no sentido abrangente do *dictum* de Anaximandro, obviamente o homem não pode nem conquistar a realidade nem sair dela, pois o *Apeiron*, a origem das coisas, não é uma coisa que possa ser apropriada ou deixada para trás através de movimentos no domínio das coisas...[N]enhum êxodo da prisão é um êxodo da *condicio humana*; nenhum desvio do *Apeiron*, ou revolta contra ele pode impedir o retorno a ele através da morte" (idem, p. 278).

As experiências variegadas do homem com a transcendência revelam que qualquer que seja a forma que a experiência

[3] Voegelin também discute a exploração espacial em "World Empire and the Unity of Mankind" [O Império Mundial e a Unidade da Humanidade]. *PE 1953-1965*, p. 140-41.

transcendente tome, o Deus que se revela ao homem é o mesmo Deus através da história. Voegelin afirma que "o Deus que apareceu aos filósofos, e que tirou de Parmênides a exclamação 'É!', era o mesmo Deus que se revelou a Moisés como o 'eu sou o quem (ou: o que) sou' assim como o Deus que é o que é na teofania concreta a que o homem responde. Quando Deus se deixa ver, seja numa sarça ardente, seja num fogo prometeico, ele é o que revela ser no acontecimento" (idem, p. 292-93). Voegelin também nota que a revelação não é informação "arbitrariamente lançada por alguma força sobrenatural, para ser levada para casa como uma posse, mas o movimento da resposta a uma irrupção do divino na psique" (idem, p. 196-297). Essa irrupção na psique tem uma estrutura, e a filosofia da consciência, de Voegelin, visa analisar sistematicamente essa estrutura e a parte que desempenha no descobrimento da verdade na história. Essencial para Voegelin é a preservação do equilíbrio de consciência que é perdido quando "sectários gnósticos e apocalípticos" tentam "encontrar atalhos para a imortalidade" (idem, p. 302). Por exemplo, São Paulo é criticado por não manter o equilíbrio e engendrar a "expectativa metastática do Segundo Advento" (idem, p. 306).

O volume final de *Ordem e História* focaliza experiências específicas com a realidade transcendente como um modo de demonstrar o que são e como alguém se envolve na tarefa de reconquistar sua força ordenadora. Em um sentido, *Em Busca de Ordem* demonstra e torna mais explícito o que Voegelin vinha fazendo nos volumes anteriores de *Ordem e História*. É um exercício meditativo, que tenta explicar com mais detalhes do que era evidente nos primeiros quatro volumes como se forma o processo de reconquistar a experiência transcendente. As implicações da reconquista, Voegelin não diz quais são em seu volume final, mas, tomadas no contexto de sua obra anterior acerca da crise ocidental, elas são claras: reconquistar as experiências históricas de transcendência é um passo essencial na restauração da ordem social e política no Ocidente.

Estruturas da consciência

A filosofia da consciência de Voegelin tenta demonstrar que o que se revela na história é a estrutura da consciência. A experiência histórica é uma força ordenadora porque revela essa estrutura e permite ao filósofo sintonizar dessa maneira sua consciência. A consciência não é um objeto "mas o próprio processo em que a realidade se torna luminosa para si mesma". O processo pelo qual a realidade se torna luminosa, o filósofo não o controla nem dirige, mas ele está a par de participar dele. O filósofo é movido ou puxado pelo divino em direção a certas dimensões da procura. "A realidade está num fluxo" (idem, p. 270), o que significa que o descobrimento da verdade não é matéria de procurar por uma ordem estagnante, mas de participar de uma ordem dinâmica. Numa passagem que ilustra por que Voegelin era tão intransigentemente contrário ao dogma, ele explica o controle precário que a consciência humana tem numa realidade que está em fluxo: "A verdade do processo não precisaria emergir, se já estivesse lá; e, quando ela emerge, não é uma posse para além do processo, mas uma luz que lança o processo no papel da escuridão da qual ele emerge. O que se torna manifesto não é uma verdade em que alguém pode estabelecer-se para sempre, mas a tensão da luz e das trevas no processo da realidade" (idem, p. 280). Voegelin emprega o conceito de "intencionalidade" de Husserl para se referir à relação entre a consciência humana e a realidade. A consciência, de acordo com Voegelin, é consciência da realidade, ou seja, a consciência intenta a realidade como seu objeto. A realidade torna-se luminosa na consciência, que é o acontecimento do conhecimento. A verdade das experiências da consciência é expressa através da linguagem.

Outro conceito importante da filosofia da consciência de Voegelin é a "distância reflexiva".[4] Enquanto os humanos

[4] Ver *OH V*, p. 58-59 e capítulo 2.

passam a conhecer a realidade pela participação nela – não podem escapar do entremeio –, há, no entanto, um sentido em que estão a par de sua ignorância. Jürgen Gebhardt explica a distância reflexiva e seu lugar na filosofia da consciência, de Voegelin:

> Ao introduzir o termo "distância reflexiva" Voegelin designa os atos reflexivos da consciência e a simbolização reflexiva concomitante como a área autêntica da inquirição filosófica. A distância reflexiva preenche o buraco entre a verdade "absoluta" experimentada por uma pessoa e a verdade "relativa" que se documenta a si mesma na multiplicidade histórica da autoexpressão humana. A distância reflexiva faz nascer a influência recíproca entre as tentativas imaginativas do filósofo quanto à simbolização e a atividade rememoradora de sua consciência que é a anamnese noética. A linguagem da distância reflexiva se refere analiticamente à dimensão pessoal da existência humana em termos de complexo meditativo de consciência-realidade-linguagem que provê os símbolos com sua validade contextual; relaciona-se com a dimensão social da existência humana e termos de um campo social de consciência pública que dá a compreensão mútua de seres humanos existencialmente aplicados. E, finalmente, preocupa-se com a dimensão histórica da existência humana em termos de busca do homem por sua humanidade e sua ordem que dá aos símbolos sua validade no contexto de suas equivalências históricas. (Epílogo a *OH V*, p. 133)

Voegelin atribui a Aristóteles o descobrimento da equivalência. Aristóteles compreendeu que "[d]ois simbolismos são equivalentes a despeito de suas diferenças fenotípicas, se se referem reconhecidamente à mesma estrutura na realidade" (*OH IV*, p. 248). Existe equivalência quando a mesma verdade é articulada em linguagens diferentes ou em níveis diferentes de clareza. A expressão da verdade acerca da realidade varia da compactação à diferenciação, mas a realidade é a mesma e é reconhecível como sendo parte da mesma busca pelo fundamento. Qualquer que seja a forma simbólica empregada para articular a busca e experiência da realidade, a equivalência de símbolos torna uma busca reconhecível para a outra. Voegelin considera até aquelas buscas pelo fundamento que são deformações da verdade, equivalente àqueles que são expressões da verdade no mito, na revelação e na filosofia. Ou seja, os que resistem à verdade normalmente estão a par daquilo contra o que estão resistindo, mesmo quando se recusam a orientar suas almas para ela.

Símbolos reflexivos vs. símbolos originais

Símbolos originais são os que são criados pela pessoa que articula a experiência engendradora. Os símbolos reflexivos são os que são criados pelo filósofo que imaginativamente retraça a experiência engendradora e cria novos símbolos para articular a verdade da ordem. No processo de recriar imaginativamente experiências passadas, o filósofo emprega a *anamnese* (trazendo de volta à memória experiências que se tornaram adormecidas na consciência) para refazer as experiência do passado. E o propósito de reconquistar as experiências da ordem é restaurar a consciência pública das experiências engendradoras de tal modo que elas terão um efeito ordenador nos indivíduos e na sociedade. Esse objetivo é a ligação entre a filosofia da consciência e a política de Voegelin. A suposição é de que a consciência pública se tornou infusa de ideologias que deformam a percepção da realidade. Nesse estado de deformação, a realidade se torna opaca e as fantasias de sonhos ideológicos – segundas realidades – substituem a primeira realidade.

Voegelin está consciente de que a representação que o filósofo faz da verdade provavelmente não será aceita por uma sociedade corrupta por deformação ideológica e desordens. Mas a história do filósofo pode ter seu efeito ordenador pretendido se os que a ouvem estão abertos existencialmente e podem reconhecer nela a mesma autoridade que está presente na consciência de cada homem. Voegelin emprega o termo heraclitiano *xynon*, ou "comum" para referir-se àquela parte da consciência humana que é comum a todos os homens. A presença divina na consciência humana é aquilo a que o filósofo está visando para despertar com sua história. Se puder ser despertada, então a substância espiritual para resistir à desordem pode formar-se e o indivíduo transformado pode opor-se ativamente à desordem.

Há um elemento histórico importante na filosofia da consciência de Voegelin. O descobrimento da realidade na consciência, as várias diferenciações da verdade na história têm uma similaridade fundamental. A busca, por exemplo, tem a mesma estrutura básica e o objeto da busca é sempre a verdade do fundamento divino. Voegelin emprega o conceito de "parusia" de Platão, para denotar que há uma presença divina no processo de tronar-se consciente da realidade, que a consciência humana é guiada pela presença divina dentro dela. Porque as estruturas básicas e as experiências de consciência são equivalentes pelo tempo afora, os descobrimentos da verdade passados estão conectados com as busca da verdade presentes e futuras. Voegelin explica que "a presença do divino como o fato que move a alma" identifica "os vários acontecimentos que são equivalentes e os torna reconhecíveis uns aos outros". Reconhecemos a experiência passada com a consciência de realidade e de sua articulação porque "reconhecemos nela a busca pela mesma presença". Independentemente do grau de diferenciação ou de compactação, a estrutura da consciência inclui a experiência da *parusia* e dá, então, às experiências históricas com a realidade divina um elemento universal e eterno.

> Não se pode dizer que os acontecimentos passados da consciência e da experiência pertençam ao passado, ou que os acontecimentos futuros pertencerão exclusivamente ao futuro, porque o que os faz acontecimentos

> como acontecimentos da consciência é o que chamaria a "presença indelével" do divino, que identifica a tensão na relação entre o homem e o fundamento divino. Então, todos os acontecimentos passados estão presentes no sentido da presença indelével, e, portanto, pertencem ao mesmo problema estrutural e à mesma realidade no processo histórico de compactação e diferenciação. É por isso que temos uma história. E veja, uma história que é inteligível. O que faz a história inteligível é, em todos os casos, a *parusia*.[5]

A presença comum da *parusia* na experiência e a articulação da consciência é o que torna a história inteligível. E como a busca de ordem em sociedades particulares atua no drama da história, a história da humanidade se torna luminosa. Voegelin, em outras palavras, não está preocupado apenas com a história da ordem em sociedades particulares. Essas histórias individuais são, sem dúvida, uma parte importante de sua tentativa de descobrir as origens e a evolução da ordem ocidental. Mas o que o estudo das sociedades individuais também indica é que suas características paralelas são parte de um processo mais amplo da história em que se desenrola a história da humanidade. Voegelin descreve esse processo mais amplo da história como "a ordem do ser humano para além da ordem da sociedade" (*OH I*, p. 13). O resultado de distinguir entre dois níveis de história é que "um grupo de sociedades com histórias separadas pode ser tratado como se eles fossem uma unidade singular na história, e mesmo que os símbolos desenvolvidos para expressar uma ordem concreta possam ser abstraídos da sociedade de sua origem e ser atribuídos à humanidade como um todo" (idem, p. 13-14). O mito cosmológico, por exemplo, é "um fenômeno típico na história da humanidade" porque, embora ele se forme em estilos culturalmente específicos, está

---

[5] Voegelin, "Structures in Consciousness" [Estruturas na Consciência], conferência proferida na Universidade de York, em Toronto (23 de novembro de 1978). A conferência foi transcrita por Zdrvko Planinc e está disponível em: http://vaz2.conccordia.cal-voernews/v-rnll3.html. [A gravação dessa conferência foi colocada à disposição em DVD, *Voegelin in Toronto* - N. T.]

presente em sociedades várias, sem conexão cultural entre si. As experiências de ordem em sociedades históricas particulares têm relevância para todos os seres humanos porque iluminam a verdade acerca da mesma estrutura de realidade em que existem todos os seres humanos. A diferenciação da estrutura da realidade é o que liga os homens na história.

7. Os Críticos de Voegelin

Como era de se esperar em um pensador tão original e do contra, a obra de Voegelin não ficou sem seus críticos. Este capítulo não fará uma revisão completa da crítica que a obra de Voegelin evocou, mas, ao contrário, focalizará duas das maiores reclamações. A primeira é que a compreensão de Voegelin da transcendência é insuficiente porque tende a ser *radicalmente* transcendente, ou seja, a-histórica e abstrata, ética e politicamente. A abstração da concepção de Voegelin de transcendência, acusam-no, emana de uma visão romântica de transcendência. Os críticos acusam que esse aspecto da filosofia política de Voegelin é manifesto em sua admiração por Platão e Agostinho e sua hostilidade para com Hegel. Pode-se também reconhecer, em certo grau, nas críticas de Voegelin a Cícero e Aristóteles,[1] e se pode inferir de sua falta de interesse nas teorias políticas contrastantes de Burke e Rousseau. A segunda maior crítica é que a obra de Voegelin não é suficientemente simpática ao cristianismo. Essa crítica tem dois componentes correlatos. Primeiro, Voegelin é acusado de não abraçar as crenças e os dogmas cristãos. Segundo, Voegelin é criticado por subestimar o cristianismo como um fundamento para a restauração da ordem social e política do Ocidente.

---

[1] Ver capítulo 3.

David Walsh, que é um dos proponentes desta segunda linha de crítica, também pensa que Voegelin caracteriza mal e deprecia desnecessariamente a teoria política moderna, como pode ser visto em seu tratamento muitas vezes polêmico da filosofia de Hegel. A acusação é de que, de um lado, Voegelin faz um contraste muito forte entre a filosofia antiga e a filosofia cristã, e entre o liberalismo ou teoria política moderna, de outro. Walsh, a seu turno, encontra uma continuidade significativa entre a velha tradição de Platão, Aristóteles e cristãos, e pensadores modernos como Hobbes, Locke, Rousseau e Mill. Ele critica Voegelin por não reconhecer essa continuidade e por deixar de reconhecer os atributos espirituais do liberalismo.

A crítica de Walsh a Voegelin

O livro de David Walsh, *The Growth of the Liberal Soul* [O Desenvolvimento da Alma Liberal], embora não dirigido a Voegelin, contém argumentos que representam uma discordância significativa com aspectos de sua obra. Além disso, em sua introdução ao volume três da *História das Ideias Políticas*, de Voegelin, Walsh descreve como fraqueza da obra de Voegelin "a inabilidade de reconhecer a tradição constitucional liberal como a evocação pública eficaz das fontes filosóficas cristãs de ordem" (*HPI III*, p. 21). Segundo Walsh, o sucesso da tradição constitucional liberal em criar ordem política e social no Ocidente é resultado da influência da experiência cristã no liberalismo. A caracterização de Voegelin da modernidade e do liberalismo como gnósticos não pode harmonizar-se com o argumento de Walsh. Voegelin remonta as raízes do constitucionalismo moderno ao mundo medieval e, ao fazê-lo, faz conexões entre a tradição da filosofia cristã e grega e o constitucionalismo moderno. Mas a tradição política liberal e a tradição do constitucionalismo, Voegelin os vê, na maior parte, como deformações da filosofia cristã, em vez de reconstituições dela. Walsh atribui essa interpretação à "estima reservada de Voegelin às realizações e aos prospectos [do liberalismo]", o que Walsh quer mais do que tudo reconhecer. Walsh explica que Voegelin "testemunhou a transmutação da República de Weimar no Terceiro Reich", e acrescenta que a incapacidade de Voegelin ver a substância cristã na tradição liberal "pode ter surgido da falta pronunciada de coerência filosófica que deu à tradição constitucional liberal a aparência de uma instabilidade maior do que de fato tem" (idem, p. 19). Walsh também afirma que enquanto Voegelin não consegue ver a comunhão filosófica nas tradições cristãs e liberais, ele reconhece essa comunhão em sua análise de Aquino. Mas uma coisa é reconhecer a continuidade entre Aquino e o constitucionalismo liberal e outra é reconhecê-la, como faz Walsh, entre Aquino e pensadores como Hobbes, Locke e Rousseau.

Walsh caracteriza a posição de Voegelin e de Leo Strauss como "escapista".[2] Ele acredita que eles fazem um contraste tão forte entre as tradições pré-moderna e moderna que se torna impossível uma reconciliação entre elas. Ou, como Walsh define o problema: "Uma crítica incisiva da política liberal é um primeiro passo indispensável, mas pode a meditação parar aí? É quase como se os críticos tivessem desistido inteiramente do esforço de remediar o arcabouço liberal de dentro e estivessem agora confinados a narrar-lhe a decadência inexorável no redemoinho. Fica-se chocado com a ausência de uma reflexão mais séria e de como a autocompreensão liberal poderia ser modificada para acomodar-se às intelecções dos críticos. Transmite-se uma impressão de terem abandonado o esforço de remediar".[3] Walsh sugere que desistir da tradição liberal, como fez Voegelin, torna "difícil resistir à conclusão de que a

[2] Para uma análise das similaridades e diferenças entre Voegelin e Strauss, ver Ted V. McAllister, *Revolt Against Modernity: Leo Strauss, Eric Voegelin, and the Search for a Postliberal Order* [Revolta Contra a Modernidade: Leo Strauss, Eric Voegelin e a Busca de uma Ordem Pós-liberal]. Lawrence, Kans., University Press of Kansas, 1996.

[3] David Walsh, *The Growth of the Liberal Soul* [O Desenvolvimento da Alma Liberal]. Columbia, Mo., University of Missouri Press, 1997, p. 99.

discussão tenha sido meramente um exercício de desejo de um passado irremediavelmente desaparecido". Qual é a razão, pergunta Walsh, "de refletir sobre a superioridade das tradições pré-modernas se não for para colocá-las neste mundo como fonte de ordem? Se essa é a intenção, então deve-se prestar alguma atenção à questão de quão capaz o *éthos* liberal é de absorver tais intelecções e como as intelecções poderiam ser promovidas organicamente dentro da elaboração liberal. Seria fútil uma simples asserção de verdade pré-moderna, sem nenhuma tentativa de mediá-la numa linguagem que a apresente minimamente inteligível de uma perspectiva liberal".[4]

Walsh, sem dúvida, tem alguma razão. Simplesmente criticar a tradição liberal e apontar para a tradição pré-moderna como superior seria escapista. A questão de citarmos a crítica de Walsh a Voegelin é se o que Walsh julga consistente com ou uma reconstituição de verdades pré-modernas na tradição liberal é realmente compatível com a tradição mais antiga. Enquanto a posição de Voegelin pode arriscar separar fortemente as tradições pré-modernas e modernas, a posição de Walsh pode ter o problema oposto. Se, por exemplo, a compreensão que Rousseau tem da piedade e do amor próprio não está, como quer Walsh, "certamente longe do sentido evangélico do amor aos outros como a nós mesmos",[5] então a antropologia liberal pode eclipsar a visão cristã de que se tem de submeter as paixões a um poder mediador na alma. Embora Voegelin não trate essa questão específica e tenha pouco a dizer acerca de Rousseau, parece claro que a visão cristã de Voegelin da natureza humana e a de Rousseau são incompatíveis e inconciliáveis. Tal é certamente o caso quanto a Hobbes. Walsh está correto em afirmar que Voegelin não acredita que a tradição liberal possa ser a fonte de uma restauração da ordem no Ocidente, que é algo a que se deve resistir por ser parte da deformação da ordem. Por fim, parece que Walsh está muito esperançoso na substância espiritual do liberalismo.

[4] Ibidem, p. 100.

[5] Ibidem, p. 164.

Voegelin e o conservadorismo

Dado o tratamento de Voegelin às ideologias de esquerda, não é de surpreender que a esquerda intelectual e política o critique. A direita política, no entanto, mais do que a esquerda, tem dado mais atenção – e apresentado uma crítica mais substantiva – à obra de Voegelin.[6] Isso é porque a obra de Voegelin trata de tópicos de grande interesse para os conservadores, incluindo transcendência, história e ordem. Mas, enquanto os conservadores estão entre os maiores admiradores de Voegelin, a recíproca não é verdadeira. Voegelin classifica o conservadorismo como ideologia, o que ele, às vezes, chama elaboração "ísmica". Especificamente, Voegelin considera o tradicionalismo e o conservadorismo "ideologias secundárias" (*A*, p. 189). Por esse termo ele quer significar que o tradicionalismo e o conservadorismo foram criados como resposta a ideologias revolucionárias e radicais. Por exemplo, Friedrich Hayek se tornou conservador porque as ideias liberais clássicas estavam sob fogo cerrado dos movimentos revolucionários e radicais como o comunismo.[7] O propósito das ideologias tradicionais e conservadoras é, então, conter e reduzir o progresso intelectual, social e político de ideologias revolucionárias e radicais, a fim de preservar a sabedoria do passado incorporada em convenções como o direito, o costume e a religião.[8]

Voegelin rejeita a ideia de que a verdade da existência possa ser adequadamente representada numa tradição divorciada

---

[6] Para uma discussão de Voegelin e o conservadorismo, ver Gerhart Niemeyer, "Eric Voegelin 1951", *Modern Age* 26, outono/verão de 1982, p. 262-66; e George H. Nash, *The Conservative Intellectual Movement in America* [O Movimento Intelectual Conservador na América], Wilmington, Del., Intercollegiate Studies Institute, 1996.

[7] Para a caracterização que Voegelin faz do conservadorismo como um desenvolvimento do liberalilsmo, ver "Liberalism and its History" [Liberalismo e sua História]. *PE 1953-1965*, p. 86-87.

[8] Para o comentário de Voegelin sobre o ceticismo conservador, ver *OH II*, p. 382-383.

da filosofia. Embora ele não seja explícito acerca desse ponto, deixa aberta a possibilidade de que a tradição possa preservar a verdade da existência se for alimentada e reforçada pela filosofia. Parece que numa sociedade em que medram o senso comum e a abertura, a tradição pode contribuir para uma ordem justa. Uma vez que a tradição peca suas amarras filosóficas, no entanto, seus princípios e doutrinas se separam das experiências engendradoras que lhes dão vida e significado. Como resultado dessa separação, a tradição é esvaziada de sua substância existencial e filosófica. A experiência primária e sua verdade original correspondente dão lugar à casaca de tradição, como se a tradição representasse a verdade da existência em vez de ser a mensageira e derivada da verdade. A utilidade do conservadorismo e do tradicionalismo é solapada pelo fato de eles tenderem a prevalecer quando está minguando a abertura filosófica. A defesa que Burke, por exemplo, faz da tradição surgiu no contexto da destruição revolucionária jacobina da ordem convencional.

Voegelin estava particularmente preocupado com a degeneração do conservadorismo em um fechamento ideológico e estranhamento espiritual. Para Voegelin, o conservadorismo é o prelúdio da ideologia, porque condiciona uma sociedade a aceitar verdade doutrinada de maneira acrítica e afilosófica. Mas, separado de sua experiência engendradora e sem o apoio da filosofia, a tradição perde sua vitalidade social e se torna uma entre várias concepções da realidade que competem entre si. Pode até dar lugar a doutrinas ideológicas que são antifilosóficas. Em suma, a "suspensão cética" do conservadorismo (*i.e.*, a suspensão da busca aberta pelo fundamento transcendental) frequentemente degenera em revolta explícita contra a constituição do ser. Voegelin rejeita o conservadorismo e o tradicionalismo porque não quer conceder nenhum fundamento filosófico a que poderiam afinal arrogar-se ideologias imanentizadoras.

Outra prova de que Voegelin era contra a doutrinação, mas não contra a tradição *per se* é o fato de que ele admirava a tradição clássica e cristã da filosofia política assim como a tradição constitucional britânica e americana. Seus escritos políticos abraçam entusiasticamente o constitucionalismo ocidental e, mais geralmente, a herança política ocidental. Quando diante da tarefa de analisar circunstâncias políticas concretas no mundo contemporâneo, Voegelin não hesitou em invocar a tradição. Mas, quando o fez, foi com a compreensão de que por tradição ele não queria significar um grupo de princípios ou dogmas filosoficamente abstratos, mas um preconceito social e histórico que estava fundado filosoficamente.

A aceitação de Voegelin da tradição fundada filosoficamente é ilustrada por um passo de *A Nova Ciência da Política* em que ele defende a tradição clássica e cristã da teoria política. Observa ele, "[N]ós podemos chegar, no curso de nossos esforços, à teoria de que a justiça da ordem humana depende de sua participação no *agathon* platônico, ou no *noûs* aristotélico, ou no *logos* estoico, ou na *ratio aeterna* tomista.

Por uma razão ou outra, nenhuma dessas teorias pode satisfazer-nos completamente, mas sabemos que estamos em busca de uma resposta desse tipo" (*NSP*, p. 6). Ou seja, o que importa para Voegelin não é tanto o conteúdo específico da resposta, mas a investida filosófica da categoria de respostas que ele lista. As intelecções de Platão, Aristóteles, os estoicos, e Aquino constituem uma tradição que corporifica a verdade filosófica. Voegelin considera sua obra parte dessa tradição, mas quer evitar a impressão de que ela, de algum modo, represente um fim da busca filosófica. Intelecções filosóficas passadas não são senão um ponto de partida. Além disso, a boa tradição evita a estagnação filosófica e a reificação: é parte de um processo em andamento, redescobrimento e diferenciação da verdade da existência. A tradição, nesse sentido, oferece uma direção à busca filosófica, mas não é o fim da busca.

À luz da abertura de Voegelin para a tradição filosófica, pode ser que ele empregue o termo "conservadorismo" de uma maneira tão estreita que seu significado impeça o que poderia ser chamado conservadorismo não ideológico.[9] Ele cita Protágoras, o sofista grego, como o primeiro conservador e liga o ceticismo moral e a adesão conservadora ao direito e ao costume ao "conservadorismo simples" de Pirro e Sexto Empírico.[10] O que Voegelin quer dizer com isso é que Protágoras era cético ou agnóstico no que dizia respeito à realidade da transcendência, mas conservador quanto à ordem histórica. Esse comportamento é caracterizado por uma "suspensão cética" de perguntas que dizem respeito ao fundamento transcendente da existência. Voegelin inclui nessa categoria de conservador Montaigne, Bayle e Hume. A "posição híbrida" deles é, por fim, manchada por negar a habilidade do homem de conhecer a realidade da transcendência que é a própria substância da ordem que o conservador quer preservar. Voegelin diz de Hume: "Ele é um conservador, nadando numa sociedade estabelecida; ele não tem princípios, exceto o desejo de manter o estado prazeroso das coisas, sem perturbação. Ele é um conservador, mas é inteligente e reconhece que sua simpatia por, e gozo da, ordem existente é equivalente a uma ausência de princípios..." (*HPI VII*, p. 158).

A mancha teorética do conservadorismo é exposta quando a "sabedoria arcaica na mente conservadora" é posta como fundamento de uma ordem em resposta a condições de mudança ideológica revolucionária. Sob tais condições, o conservador afirmará a verdade da sabedoria arcaica que foi reificada em dogma ou tradição como a solução à desordem causada por movimentos revolucionários ideológicos. Ensinar e institucionalizar dogmas reificados numa sociedade que está perdendo o contato com esses dogmas torna-se o projeto social do conservadorismo (*OH II*, p. 382-83). A verdade filosófica e histórica é codificada em tradições e proposições, como direito natural, que ficam então disponíveis para serem usadas como contrapesos políticos e ideológicos contra os

---

9 Exemplos de conservadores não ideológicos são Edmund Burke e Russel Kirk.

10 Para Voegelin acerca de Sexto Empírico, ver *OH III*, p. 424-28; e "Immortality, Experience and Symbol" [Imortalidade, Experiência e Símbolo]. *PE 1966-1985*, p. 55.

dogmas das ideologias revolucionárias e radicais. Mas a resposta correta ao revolucionário e ao radical, diz Voegelin, não é a doutrina correta, mas a alma corretamente ordenada.

A relação perplexa e enigmática entre a teoria política de Voegelin e o conservadorismo é mais bem entendida se a crítica for aplicada a um pensador como Burke. Embora Voegelin tenha pouco que dizer acerca de Burke, seus escritos políticos, em particular, contêm elementos de conservadorismo burkeano. Como Burke, Voegelin está reagindo a movimentos revolucionários que estão despedaçando o fundamento da ordem política ocidental. Ambos identificam o cerne dos movimentos revolucionários modernos como pseudoespiritualidade que rejeita a transcendência verdadeira. Ambos têm visões realistas da natureza humana e da política que são fundadas na experiência histórica. Burke, então, é exemplo de um pensador conservador que defende a tradição como maneira de proteger a sabedoria das eras. Mas o silêncio virtual de Voegelin acerca de Burke torna difícil a avaliação da compatibilidade teorética deles. Nos oito volumes da *História das Ideias Políticas*, por exemplo, Burke é mencionado uma única vez, e, mesmo assim, de passagem. Além disso, o conservadorismo de Burke não se encaixa de maneira pura na caracterização que Voegelin faz do ceticismo conservador. Ou Voegelin se mantém aberto à possibilidade de outro tipo de conservadorismo ou ele desconta a possibilidade de um tipo de conservadorismo que é suficientemente fundado na realidade transcendente. Este parece ser o caso. Se for, explicaria por que alguns voegelinianos – e mesmo o próprio Voegelin – parecem perplexos pela atração que a obra dele teve e continua a ter entre políticos e intelectuais conservadores.

A caracterização de Voegelin no conservadorismo como uma ideologia secundária sugere que é inconsistente com a filosofia política. Mas a investida de conservadorismo tradicional – como ilustrado na obra de Russell Kirk, por exemplo – é seu desejo de restaurar a verdade da realidade transcendente de um modo não ideológico, algo que estava no cerne da obra de Voegelin.[11] A teoria política de Voegelin está, no entanto, claramente em desacordo com alguns dos aspectos do conservadorismo burkeano. Em particular, Voegelin parece rejeitar a ideia do historicismo centrado no valor, posição que está implícita na teoria política de Burke. O historicismo centrado no valor considera o universal como intimamente ligado a experiências históricas particulares.[12] Mas Voegelin tende a separar radicalmente um de muitos. A história nunca chega ao universal, para Voegelin, o que se pode ver em sua hesitação de considerar a transcendência em suas manifestações históricas concretas e sua rejeição peremptória de todas as elaborações com "ismos". Voegelin reconhece a participação tanto do humano quanto do divino na consciência, mas afasta-se assustado quando analisa a política. Ele tende a evitar representações concretas de transcendência em grande parte porque ele é tão peremptoriamente oposto à doutrinação. Que Voegelin considera a teoria política de alguns conservadores insuficientemente fundada na realidade transcendente equipara-se à crítica de alguns conservadores de que Voegelin, como Platão e Agostinho, tende a conceber o transcendente abstratamente como algo distante do mundo concreto da política.[13] A esse respeito há uma diferença importante entre o conservadorismo burkeano e a filosofia política de Voegelin.[14]

---

[11] Para a continuidade de Kirk e Voegelin, ver Kirk, *Enemies of the Permanent Things* [Inimigos das Coisas Permanentes]. La Salle, Sherwood Sugden & Company, 1984.

[12] Para uma análise do historicismo centrado no valor, ver Claes G. Ryn, "Universality and History" [Universalidade e História]. *Humanitas vi*, n. 1, outono de 1992/inverno de 1993, p. 10-39.

[13] A abstração moral da filosofia política de Voegelin é discutida em Claes G. Ryn, "The Politics of Transcendence: The Pretentious Passivity of Platonic Idealism" [A Política de Transcendência: a Passividade Pretensiosa do Idealismo Platônico), *Humanitas* XII, n. 2, 1999, p. 4-26; e Shadia B. Drury, "Augustinian Radical Transcendence: Sources of Political Excess" [A Transcendência Radical de Agostinho: Fontes de Excesso Político), *Humanitas XII*, n. 1, 1999, p. 27-45.

[14] Ellis Sandoz retoma a questão de Voegelin e o conservadorismo em *The Politics of Truth and Other Untimely Essays: The Crisis of Civil Consciousness* [A Política da Verdade e Outros Ensaios Prematuros: a Crise da Consciência Civil]. Columbia, Mo., University of Missouri Press, 1999. Ver capítulo 9: "Eric Voegelin conservador?". Sandoz tende a subestimar o lado conservador dos escritos políticos de

A compreensão de Voegelin do transcendente como abstrato

O esforço de restabelecer, na teoria política, a realidade transcendente como o fundamento moral da ordem social e política é uma das principais contribuições de Voegelin à ciência política. Então, não é de surpreender que o pensamento de Voegelin seja desacreditado por aqueles representantes da academia e da cultura de elite que consideram arcaica uma filosofia política baseada na transcendência. Como Voegelin foi um proponente tão ardente de uma ordem moral universal, poucos que são condescendentes para com seus esforços questionaram ou se deram ao trabalho de examinar cuidadosamente a compreensão que ele tem da transcendência. O debate cultural e intelectual tendeu a ser sobre se *há* ou não uma realidade transcendente, não acerca da *natureza* da realidade transcendente. Mas, como a reconquista de símbolos e experiências com a realidade transcendente tem progredido, deu-se mais atenção ao significado da transcendência e de seu lugar na filosofia da política.[15] Nesse novo clima, a compreensão de Voegelin da transcendência não escapou ao escrutínio. Ele foi criticado por desenvolver uma compreensão da transcendência que é anti-histórica, e, portanto, abstrata. Sua compreensão da transcendência concebe a universalidade como tão radicalmente transcendente que tende ao oposto extremo da filosofia moderna. A filosofia moderna imanentiza

Voegelin e superestimar a característica não ideológica e apolítica de sua obra mais erudita. Escreve Sandoz que "seu pensamento e quase toda a sua obra se movem em vários intervalos do nível do debate político que vagamente referimos aos nossos rótulos e dicotomias conservador/liberal" (p. 139). O lado conservador da obra de Voegelin está claramente evidente no volume de ensaios editado por Sandoz, *Published Essays 1953-1965* [Ensaios Publicados 1953-1965], Columbia, Mo., University of Missouri Press, 2000, e em obras como *Science, Politics and Gnosticism* [Ciência, Política e Gnosticismo] e *The New Science of Politics* [A Nova Ciência da Política]. Sandoz reconhece que "há certamente algo fortemente conservador na obra de Voegelin" (p. 140).

15 Para o desenvolvimento e reconquista de símbolos e experiência transcendentes, ver Irving Babbitt, Leo Strauss, Russell Kirk, Albert Camus.

radicalmente o transcendente. Voegelin reage exageradamente à imanentização moderna e transcendentaliza radicalmente o universal. Em questão está a relevância da concepção de Voegelin da transcendência para a vida política e a ordem.

Stephen Tonsor observa numa recensão da obra de Voegelin que "Aristóteles está presente, mas não constitui um elemento essencial no pensamento de Voegelin". Acrescenta ele: "Mas em que extensão a experiência noética [que Voegelin reconquista em sua obra] provê direção nas escolhas existenciais que alguém tenha de fazer na vida cotidiana; aos enigmas que alguém tem de enfrentar em pessoa, na sociedade e na história? Sempre me pareceu ser uma vaguidão terrível na ética possível e política de Voegelin. É rica em injunções quanto ao que é impossível para o ser humano alcançar; é menos satisfatória como um guia do que temos de fazer". É severo o julgamento de Tonsor da relevância da obra de Voegelin: "Não há dúvida de que é satisfatório como um guia contemplativo para um anacoreta do século IV, mas será um guia de vida satisfatório para um homem do final do século XX?".[16]

Esclarecer o significado da compreensão de Voegelin da universalidade é importante porque o foco primário de sua filosofia política é a experiência humana com a realidade transcendente. Voegelin sustenta, ecoando o princípio antropológico de Platão, que a sintonia com o fundamento transcendente é o que engendra a ordem existencial e cria a ordem política e social. Em suma, o fundamento transcendente é o padrão de justiça. A crítica é que seu emprego do conceito de "transcendente", e sua compreensão de universalidade mais geralmente, é abstrato ao ponto de obscurecer-lhe a filosofia política e pode ser contraproducente à causa de restabelecer o fundamento transcendente da política.

---

[16] Stephen J. Tonsor, "The God Question" [A Questão de Deus]. Recensão de Eric Voegelin, *Published Essays, 1966-1985: The Collected Works of Eric Voegelin, Volume 12* [Ensaios Publicados 1966-1985, As Obras Reunidas de Eric Voegelin, volume 12]. Com edição e introdução de Ellis Sandoz, em *Modern Age* 35, outono de 1992, p. 67.

Um exemplo representativo da obra de Voegelin ajudará a entender essa crítica. Voegelin tem em alta consideração a teoria política de Agostinho. Ele considera "a formulação de Agostinho do problema do êxodo" como "filosoficamente perfeita" e "extremamente bela" (*PE 1966-1985*, p. 105-06). Para Agostinho, o êxodo significa "abandonar os próprios laços com o mundo, abandonar o amor a si, e voltar-se para o amor de Deus". Tanto Voegelin como Agostinho acreditam que a alma é purificada ao se retirar do mundo. Como escreve Voegelin: "Quando a tensão é mais forte em direção ao amor de Deus, então encontramos um êxodo do mundo" (idem, p. 105). Voegelin explica que por êxodo ele significa "um movimento do coração". O novo estado de existência, o afastamento do mundo, cria uma tensão entre a ordem social e política existente e a alma transformada, e essa tensão muitas vezes leva a um êxodo físico da ordem existente. Voegelin cita o êxodo dos israelitas do Egito e os peregrinos da Holanda e da Inglaterra como exemplos de êxodos que têm aspectos tanto espirituais como físicos.

A análise que Voegelin faz do êxodo suscita a pergunta: por que a alma transformada tem de necessariamente estar em desacordo com o mundo? O mundo é, sem dúvida, preenchido parcialmente com indivíduos que vivem de acordo com o amor de si (*amor sui*). O homem bom tem de estar em desacordo com a parte do mundo que rejeita o amor de Deus (*amor Dei*), mas, ao mesmo tempo, em comunidade com indivíduos que partilham de uma qualidade de vontade que é moldada pela consciência moral e pelo amor de Deus. Num sentido, Voegelin está correto ao afirmar que a alma ordenada está em desacordo com o mundo e que a tensão resultante leva ao êxodo. No entanto, ele parece exagerar o caso. O "movimento do coração" pode levar alguns a seguir uma vida profundamente espiritual que os leva para longe das coisas do mundo e *especialmente* da vida da política. Uma figura como Madre Teresa se enquadra neste tipo. Mas mesmo a Madre Teresa estava, até certo ponto, envolvida nas coisas do mundo. E outros, que transformaram seu caráter de acordo com o amor de Deus, podem escolher um caminho diferente para a boa vida. Podem sentir-se moralmente compelidos a assumir as responsabilidades da liderança política ou alguma outra forma de vida pública. De fato, eles são precisamente o tipo de pessoas que devem se tornar "envolvidas com o mundo". Eles podem enriquecer a civilização e moldar a política de um modo que inspire outros à boa vida. Eles podem também confrontar e contra-atacar aqueles que degradam a civilização no nível imediato do poder político, em vez do alheamento distante da alma no êxodo. Não há dúvida de que a boa sociedade precisa de filósofos, poetas e santos que nos relembrem de nossos deveres mais altos e criem o capital espiritual com o qual se possa construir uma ordem justa. Fazer essa obra espiritual e estética exige certo distanciamento da política. No entanto, a política não deve ser deixada apenas com aqueles que se inspiram em motivos maquiavélicos. Voegelin, como Agostinho, compreende esse ponto, e, no entanto, ambos têm uma tendência a depreciar a política a ponto que ela pareça uma vocação sem valor. Pois à vida política sempre falta a verdade filosófica.

A depreciação que Voegelin faz da política é ilustrada por sua análise do Sermão da Montanha:

> [O] Sermão da Montanha não é um código para a vida no "mundo": é dirigido a homens que vivem entre os mundos numa expectativa escatológica. Na existência histórica, envolvida numa tela de obrigações sociais, o homem tem de pagar sua dívida à natureza e é obrigado a cometer atos de violação do sermão. Se lhe batem na face direita, ele não oferecerá a esquerda, mas baterá de volta, em defesa de sua vida, de sua família e de sua comunidade. Mas, ao revidar, ele fará bem, como cristão, em lembrar o sermão, e ficar a par de que na defesa ele está envolvido na culpa e que o homem que bateu nele pode ter tido razões "mundanas" excelentes para o ataque, assim como ele tem para a defesa. Ambos estão envolvidos numa culpa comum,

ambos estão engolfados no mistério inescrutável do mal no mundo; e, em sua inimizade, ambos têm de respeitar em cada um o segredo do coração que só Deus conhece. (*HPI VIII*, p. 281)

Que a violência é às vezes necessária na vida política é devido ao que Voegelin chama razões "mundanas". No entanto, ele faz parecer que qualquer emprego de violência é, de algum modo, uma violação do bem e, na melhor das hipóteses, um mal necessário. Se for assim, então é justificada a depreciação que Voegelin faz da política. Mas, se a natureza humana e a vida política tornaram necessária a violência, por que seu emprego, em algumas circunstâncias, é necessariamente mal? A visão de Voegelin impede a possibilidade de que a violência possa ser empregada de acordo com o bem. Como Agostinho, ele tende a denegrir a política porque ela é conduzida por preocupações mundanas. Mas o mundo é onde vivemos e buscamos uma vida boa. A questão aqui não é que a afirmação possa, de algum modo, evitar as responsabilidades terrestres como o prover de segurança comum e bem-estar econômico. A questão é, ao contrário, que, quando os estadistas fazem o trabalho da política, eles podem fazê-lo de uma maneira que encoraje a civilização ou de uma maneira que a destrua. Em qualquer caso, a violência e outras ações que violam o Sermão da Montanha serão necessárias. Voegelin e Agostinho são realistas por reconhecerem isso, e, no entanto, reconhecer que as necessidades da política os deixa, de algum modo, decepcionados com ela. O abismo entre a cidade de Deus e a cidade do homem, a divisão entre a verdade filosófica e a necessidade política, é muito grande para ser ultrapassado neste mundo. Em consequência, a vida política é um desapontamento porque não consegue alcançar a verdade filosófica. Esse desapontamento é evidente no tratamento que Voegelin dá a Cícero.

Voegelin critica Cícero porque este não é suficientemente filosófico. Em certo sentido, ele pode ter razão: Cícero não é um filósofo técnico. Mas ao mesmo tempo Voegelin parece menosprezar o compromisso de Cícero com a liberdade ordenada e sua compreensão do direito e da justiça.[17] A filosofia política de Cícero pode ser vista como mais completa do que a de Platão porque faz mais para revelar as necessidades da política. Estadistas como Cícero e Burke estavam, de fato, envolvidos no mundo – e o mundo está mais rico por causa disso. A sabedoria sóbria deles pode não alcançar as profundezas de Platão, mas o exemplo deles como líderes e a sabedoria prática incorporada em seus escritos e discursos enfrentam as exigências concretas e a realidade da vida política de um modo que a filosofia política de Platão não faz. É curioso que Voegelin admire a ordem que Cícero e Burke ajudaram a forjar, mas, ao mesmo tempo, deprecie a contribuição deles à história da teoria política. Voegelin tende a afastar-se de pensadores que encontram o universal na vida política particular por medo de que eles imanentizem e, então, corrompam o transcendente. Ele acha que os homens de ação são inferiores ao homens de pura contemplação, pelo mesmo motivo. Há uma parte de Voegelin que não queria que a filosofia fosse contaminada pela vida da política. É esse aspecto da teoria política de Voegelin que dá a ela uma qualidade abstrata.

A abstração da compreensão de Voegelin da transcendência sugere um grau de escapismo moral, ao menos quanto à aceitação de um ideal moral elevado, como se encontra em aspectos da teoria política de Platão, exige que se mantenha apartado da política a fim de preservar a dignidade moral. O bom homem de Platão, por exemplo, tem de ser forçado a desistir da vida contemplativa e entrar na vida política. A suposição é que a busca da verdade e da virtude é corrompida pela política. Tal visão cria no indivíduo eticamente orientado uma relutância em envolver-se com política. Ironicamente, levado a um extremo, pode criar uma obrigação ética de evitar a criação de uma ordem política justa. Voegelin estava a par desse problema.

---

[17] Para a contribuição de Cícero para a liberdade ordenada, o direito natural e a justiça, ver Russel Kirk, *The Roots of American Order* [As Raízes da Ordem Americana]. Washington, D.C., Regnery Gateway, 1991, p. 106-13.

Num nível, a filosofia política de Voegelin é muito concreta. Ele não hesitou em aplicar intelecções filosóficas à política contemporânea. Note, por exemplo, seus comentários em *A Nova Ciência da Política* quanto à falha do Ocidente de conter o comunismo na Europa Oriental: "Os políticos gnósticos puseram as forças armadas soviética no Elba, entregaram a China aos comunistas, e, ao mesmo tempo, desmilitarizaram a Alemanha e o Japão, e, além disso, desmobilizaram nossas próprias forças armadas. Os fatos são triviais, e, no entanto, as pessoas talvez não se deem conta suficientemente de que nunca antes na história da humanidade um poder mundial empregou a vitória deliberadamente para o propósito de criar um vácuo de poder em sua própria desvantagem" (*NSP*, p. 172). Tais comentários são muito comuns na obra de Voegelin para indicar que ele não pensou que, como filósofo político, as verdades não têm relevância para a política. Mas a questão aqui não é que a obra de Voegelin seja *politicamente* abstrata, no sentido de que ele se recusa a dirigir questões concretas na política contemporânea ou histórica. Ao contrário, a questão é se sua obra é ou não abstrata *filosoficamente* – mais precisamente, *eticamente* abstrata. Se a moralidade fora elaborada *a-historicamente*, então a política é apta a ser vista como abaixo de indivíduos virtuosos. Pode ser que o passado histórico seja romantizado para conter um modelo ou exemplo da boa sociedade que deve ser emulada ou reconfigurada para os tempos contemporâneos. No entanto, o mundo contemporâneo está pronto a rejeitar tais paradigmas históricos, que encorajam o romântico conservador a concluir que a cena política contemporânea é incapaz de realizar o bem. Tal visão pode engendrar um afastamento e um cinismo da política. Ao primeiro aspecto, pode parecer estranho pensar em Voegelin como não sendo suficientemente realista acerca da moralidade e da política. Mas poderia ser que (1) a experiência com o totalitarismo, combinada com a desintegração da ordem ocidental, incline suficientemente a visão de Voegelin da política para o ponto em que ele não dá muito crédito ao que é possível na política (a esse respeito ele é muito realista), e que (2) sua orientação filosófica com relação à realidade transcendente é, de algum modo, idealista.

Um dos críticos de Voegelin em questões de transcendência é Cales G. Ryn, que argumenta que Voegelin segue a tendência de Platão de ver a transcendência de uma maneira *a-histórica*. Ou seja, Platão e Voegelin tendem a criar padrões morais para a política que não são suficientemente fundados na experiência histórica concreta com a política. Por exemplo, na *República* Platão faz Sócrates criar a melhor cidade que ele reconhece não poder ser realizada no mundo real da política. Ryn interpreta isso como sinal de que há um elemento de idealismo moral na filosofia política de Platão (assim como elementos de realismo moral fundados historicamente).[18] As imperfeições da natureza e da sociedade humanas impedem que o ideal se realize. A descrição que Platão faz dos reis filósofos e de seu papel na melhor cidade ilustram o idealismo de Platão. Os pais fundadores americanos criaram um sistema elaborado de freios e contrapesos e restrições constitucionais, mas os reis filósofos de Platão reinam sem restrições externas a seu poder. São capazes de empregar o anel de Giges sem dele abusar. No mundo real da política tais governantes ou são inexistentes ou não existem em quantidade suficiente para que uma ordem constitucional neles se baseie. Não está claro se mesmo no contexto da Atenas do século IV havia um número suficiente de bons governantes para tornar possível a "cidade do discurso" (*kallipolis*).

Como observa Ryn, os críticos estão propensos a defender Platão, arguindo, como faz Voegelin, que Platão não pretendeu a melhor cidade como algo que seria realizado e que a *República* não é um plano para a política. Voegelin está também a par da crítica de que a melhor cidade de Platão é um "ideal" ou uma "utopia" e ele provê uma resposta a esse argumento em *A Era Ecumênica*. Voegelin refere-se aos paradigmas de ordem criados por Platão e Aristóteles como falhos porque

[18] Voegelin insiste que Platão é um realista moral e que a melhor cidade não é um ideal no sentido de uma construção utópica. Ver Voegelin, "Reading the Republic" [Lendo a República], um painel de discussão com Allan Bloom, Hans-George Gadamaer, Eric Voegelin e Frederick Lawrence na Universidade York, Toronto (23 de novembro de 1978). [A gravação desse painel foi colocada à disposição em DVD, *Voegelin in Toronto* - N. T.]

foram criados "para uma sociedade que eles sabiam ser espiritualmente não receptiva e historicamente condenada" (*OH IV*, p. 281). Esse comentário poderia levar alguém a acreditar que Voegelin, como Ryn, encontra um elemento de idealismo no melhor regime (*kallipolis*) de Platão. Entretanto, Voegelin afirma que a falha é "apenas aparente" e que a crítica de Platão ser idealista é uma má compreensão de sua filosofia. "O paradigma", escreve Voegelin, "não é uma construção da ordem social no mesmo nível dos outros tipos conhecidos, mas melhor. Nem é uma utopia nem ideal. É o paradigma de ordem no entremeio, no novo nível espiritual alcançado na consciência noética de Platão" (idem, p. 291). Essa característica separa a *kallipolis* de Platão da utopia de More. A utopia de More é uma construção de um ideal. A melhor cidade de Platão não é. No entanto, essa leitura do melhor regime de Platão corrobora com o ponto de vista de Ryn. Se o paradigma de Platão não é uma construção política nem social, em que sentido é relevante para a vida política? Se o propósito de construir o paradigma é capturar as intelecções filosóficas de Platão acerca da justiça e da política, esperar-se-ia que tais intelecções – sendo obtidas da vida política concreta – possam ser aplicadas à vida política concreta. Todo o ponto da *República* parece ser que a filosofia deve informar a política. No entanto, há um sentido em que Voegelin e Platão caracterizam a desordem de Atenas de tal maneira que a resistência política é fútil. A vida da filosofia se torna uma fuga da responsabilidade política.

O ponto de Ryn é que, se o transcendente e sua relação com a política forem vistos de uma maneira que reconheça a conexão inevitável entre universalidade e história, a compreensão moral não será abstrata e *a-histórica*, mas compreendida como algo que é encontrado nas circunstâncias particulares da experiência histórica. A política é o que é, e a universalidade tem de ser fundada dentro dessa realidade histórica concreta, não em algum ideal *a-histórico*. Platão parece reconhecer este ponto quando afirma que o homem bom está pronto para a ação (*A República*, 443e). Então, é uma interpretação plausível que a filosofia política de Platão não é, como um todo, idealista, mas há tensões assim de idealismo como de realismo moral disseminadas através de sua obra. O mesmo se poderia dizer de Voegelin.[19]

Voegelin e o cristianismo

Uma reclamação típica dos críticos cristãos acerca de Voegelin é o comentário de Tonsor de que "Voegelin, o 'filósofo' acreditava no Deus dos filósofos e tentava sempre, sem sucesso, creio eu, 'encenar Cristo'".[20] Tonsor refere-se à "hostilidade de Voegelin ao cristianismo doutrinal".[21] Entender e avaliar tais críticas exige que a obra de Voegelin seja posta em perspectiva e que se considere uma lista de críticos. Os críticos cristãos de Voegelin tendem a partilhar com ele o desejo de restaurar a ordem ocidental pelo restabelecimento da verdade da realidade transcendente. A discordância deles com o tratamento que Voegelin dá ao

[19] Voegelin é especialmente realista quando discute o governo constitucional e os limites éticos da democracia. Esse realismo é evidente em seu ensaio "Freedom and Responsibility in Economy and Democracy" [Liberdade e Responsabilidade na Economia e na Democracia], no qual ele atribui a queda do totalitarismo alemão, em parte, ao pietismo. Especificamente, ele cita o "caráter pietista" para "insular uma existência entendida como cristã da esfera impura e profana da política" (*PE 1953-1965*, p. 72). Ele critica a figura do século XIX Friedrich Christop Schlosser, que "popularizou o dito 'o poder é mau'" (idem, p. 73). Contrasta então a visão de Schlosser com o dito de Lord Acton "o poder corrompe; o poder absoluto corrompe absolutamente". Voegelin acha superior a visão de Acton porque representa uma visão mais realista do poder e da ética. Na visão de Acton está a ideia de que "o poder em si é moralmente neutro – pode-se usar para melhor e para pior – mas é sempre uma tentação para o homem, o que, afinal de contas, está de acordo com sua natureza" (loc. cit.). Voegelin também invoca a visão de Alexander Hamilton de que "os homens são uns patifes", e concorda que um "cinismo saudável" ajuda a assegurar que os líderes políticos sejam suficientemente controlados e restringidos. Ele conclui o ponto, afirmando que "a propensão pietista de manter-se fora da política porque o poder é mau e a política é um negócio sujo beira, numa democracia, a alta traição" (idem, p. 74).

[20] Tonsor, "The God Question" [A Questão de Deus], p. 66. A seguinte análise de Voegelin e o cristianismo é baseada em "Voegelin's Christian Critics" [Os Críticos Cristãos de Voegelin], de Michael P. Federici, *Modern Age* 36, verão de 1994, p. 331-40.

[21] Ibidem, p. 68.

cristianismo deve-se à visão favorável deles da doutrina e da subordinação que fazem, na reconquista da ordem, da filosofia grega ao cristianismo.

A primeira tarefa de Voegelin é reconquistar a fonte normativa da ordem na história: experiências engendradoras com a transcendência. Em sua visão, a desordem do período moderno provém largamente da doutrinação ou reificação da experiência transcendente em proposições e dogmas, assim como seu descarrilamento em ideologia. Destarte, tornaram-se opacos os símbolos que iluminam a experiência de participação com o fundamento divino de existência.

Falharam as tentativas de recuperar o sentido da história. A recuperação exige uma "abertura" para a fonte de significado, ao passo que as tentativas modernas de recuperação, Voegelin as caracteriza como "fechadas". O seu fechamento é definido como o colapso em "sistemas" ideológicos, "dogma" ou "doutrina"; como a filosofia da história de Hegel; o determinismo econômico de Marx; ou o positivismo científico. Como foi explicado no capítulo 4, as pressuposições do positivismo, por exemplo, excluem de seu campo de ação a realidade transcendente. Isso é típico do modo com que a crença doutrinal inibe a recuperação da experiência engendradora: considera a doutrina ou o método em si como a fonte primária de verdade. Voegelin acredita que uma vez que a doutrina eclipsa a experiência existencial com a realidade, as verdades diferenciadas da existência humana estão em perigo de perder sua luminosidade. Um processo que é contínuo. "A teologia doutrinária e a metafísica do século XVIII foram sucedidas pelas ideologias doutrinárias dos séculos XIX e XX; uma forma mais antiga de doutrina fundamentalista foi seguida de um novo fundamentalismo" (*PE 1966-1985*, p. 118).

A primazia da experiência transcendente sobre a doutrina, Voegelin considera vital para a reconquista da ordem. Muitos eruditos cristãos, no entanto, objetam a subordinação que Voegelin faz da doutrina à experiência. Eles arguem que o cristianismo representa a resposta última para a busca de sentido na história. Além disso, acreditam que, por permanecer nela algo ambíguo à natureza e ao destino do homem, a inquirição filosófica do estudo de Voegelin da ordem e da história perde o essencial da mensagem cristã. Recusa-se a aceitar a transformação cristã da história como preenchida na Ressurreição.

O plano original de *Ordem e História* de Voegelin incluía um volume sobre *Império e Cristianismo* e outro volume sobre *Os Séculos Protestantes.* O plano revisto eliminou os dois volumes sobre o cristianismo e reduziu a análise dele a um capítulo em *A Era Ecumênica.* Os leitores cristãos de Voegelin ficaram desapontados com a eliminação dos dois volumes sobre o cristianismo.[22] Mas foi a interpretação de Voegelin da contribuição cristã ao significado da história que eles acharam mais perturbadora. Sua afirmação de que o "curso" da história era, afinal, um mistério motivou respostas como a de Bruce Douglass, que acusou Voegelin de desprezar o efeito da revelação cristã na estrutura da realidade. "Em lugar da imagem bíblica de um Deus cuja presença e propósito na história se fazem manifestos", afirma Douglas, "ele nos dá uma corrente cuja direção é um mistério".[23] Em vez de enfatizar o cristianismo como a realização da história, Voegelin escolheu enfatizar os efeitos desequilibrantes do cristianismo na ordem social: a expectativa escatológica cristã divertiu a atenção das questões de ordem política e social e, em consequência, o cristianismo não forneceu uma teologia civil; como resultado, o vácuo foi preenchido pelas deformações gnósticas de ordem civil. Voegelin também enfatizou a filosofia de Platão em vez do cristianismo como paradigma do equilíbrio entre a consciência existencial e a ordem social.

---

[22] Os primeiros três volumes de *Ordem e História,* assim como os comentários em seus ensaios, pareceram sugerir que a experiência cristã proveria o significado último da história. Ao analisar Agostinho e Aquino, por exemplo, Voegelin não disputou a implicação da visão deles da história: "A história é Cristo escrito em letra maiúscula" (*PE 1966-1985*, p. 78).

[23] Bruce Douglass, "A Diminished Gospel: A Critique of Voegelin's Interpretation of Christianity" [Um Evangelho Diminuído: Crítica da Interpretação do Cristianismo Dada por Voegelin]. In: *Eric Voegelin's Search for Order in History* [A Busca de Ordem de Eric Voegelin na História]. Editado por Stephen A. McKnight. Baton Rouge, La., Louisiana State University Press, 1978, p. 149.

A maior parte dos críticos de Voegelin considera o gnosticismo periférico à "boa-nova" do Evangelho. Voegelin, dizem eles, é crítico do cristianismo pela atenção insuficiente deste à ordem temporal e também pela sua tendência de dogmatizar a experiência engendradora do cristianismo, mas ele parece desprezar a contribuição do cristianismo como uma força ordenadora do homem e da sociedade. Gerhart Niemeyer, por exemplo, refere-se ao tratamento que Voegelin deu ao cristianismo em *A Era Ecumênica* como "profundamente desapontador", especialmente em sua concentração em São Paulo como a figura central do cristianismo. "A exegese de São Paulo de Voegelin", aponta ele, "não teria de ser mudada se dela se removesse de todo Jesus Cristo". Niemeyer acusa "Voegelin de ter se aproximado de uma grande realidade espiritual de um ponto de vista estranho a ela".[24] Ou seja, em vez de lidar diretamente com o Cristo histórico, Voegelin analisa a visão de São Paulo da Ressurreição e a equipara com o próprio acontecimento histórico. A falha de abarcar toda a extensão da experiência cristã levou Douglass a caracterizar o comportamento de Voegelin para com o cristianismo como "ambivalente". Harold Weatherby, concordando com Niemeyer, acusa Voegelin de "desprezar" a Encarnação e de não compreender as implicações da doutrina cristã por estar enamorado da filosofia grega. Como Niemeyer, Weatherby reclama que o tratamento de Voegelin ao cristianismo precisa ser mais amplo, especialmente ao dirigir-se ao cerne da mensagem cristã. Ao focalizar exclusivamente São Paulo, Voegelin superenfatizou a afinidade entre o gnosticismo e o cristianismo, e subestimou o feito ordenador do cristianismo.

Douglass é um dos críticos mais duros do tratamento que Voegelin deu ao cristianismo. Seu argumento é resumido por seu comentário de que "pareceria ser o ponto de vista de Voegelin que apenas a disciplina da razão filosófica poderia desafiar eficazmente o dilema moderno". Douglass concede que Voegelin reconhece uma continuidade entre a filosofia grega

[24] Gerhart Niemeyer, "Eric Voegelin's Philosophy and the Drama of Mankind" [A Filosofia de Eric Voegelin e o Drama da Humanidade]. *Modern Age* 20, inverno de 1976, p. 35.

e o cristianismo, mas é relutante em aceitar-lhe a caracterização do cristianismo. Enquanto Voegelin aceita claramente o Evangelho como uma representação de "um conhecimento mais completo do Deus desconhecido", Douglass reclama que "Voegelin reconhece influências gnósticas em certos pontos-chave no Novo Testamento, e argumenta que o gnosticismo moderno tem o que pareceria ser prova inequívoca das origens cristãs".[25] Não é que Douglass não concorde com a afirmação de Voegelin, mas ele acha que a ênfase não é garantida e a prescrição está desencaminhada. "A interpretação que Voegelin dá ao Evangelho", afirma ele, "deixa algo a desejar. O que está faltando é o sentido do Evangelho como salvação".[26] Marion Montgomery faz uma crítica similar a Voegelin por dar primazia à filosofia grega: "Para o cristão, como ato de fé, é o salvador e não o poeta, nem o profeta, nem o filósofo aquele em quem está a promessa de nosso retorno do lar perdido. Mas Voegelin não está preparado para render-se através da fé no mediador, embora ele o honre em outros: ele vê um perigo de que, ao menos nesse ponto de sua procura, tal rendição esteja muito perto do dogma no mundo medieval que preparou os fundamentos em que as ideologias modernas floresceram".[27] Numa nota de rodapé a esse passo, Montgomery critica Voegelin por seu "julgamento severo" da Igreja Medieval e dos escolásticos, e ele questiona a asserção de Voegelin de que "o dogma ortodoxo e o emocionalismo na Idade Média prepararam o caminho para as ideologias do Renascimento". Como Weatherby, ele acusa Voegelin de "uma elaboração aberrante do significado da encarnação, que reduz o acontecimento da encarnação e o substitui por um acontecimento 'maior' da humanidade que desvela".[28]

---

[25] Douglass, "The Gospel and Political Order: Eric Voegelin on the Political Role of Christianity" [O Evangelho e a Ordem Política: Eric Voegelin e o Papel Político do Cristianismo]. *The Journal Of Politics 38*, fevereiro de 1976, 27, p. 33-37 (ênfase no original).

[26] Douglass, "A Diminished Gospel" [Um Evangelho Diminuído], p. 146.

[27] Marion Montgomery, "Eric Voegelin and the End of Our Exploring" [Eric Voegelin e o Fim de Nossa Exploração]. *Modern Age* 23, verão de 1979, p. 234.

[28] Ibidem, p. 243.

Essas críticas a Voegelin representam não apenas uma discordância com sua interpretação do cristianismo, mas uma rejeição de seu arcabouço filosófico. De fato, Montgomery encontra "um dogma principal no coração da própria obra de Voegelin", que ele define como: "Não descansarás numa conclusão antes de encontrares a certeza, o pecado imperdoável contra a abertura". A busca de certeza, tanto Voegelin como Montgomery concordariam, é um desejo eterno. Enquanto aquele desenvolveu uma teoria da consciência que centra na fé de que o que é permanente na história da humanidade é "o homem em busca de sua humanidade e de sua ordem", este afirma que "há uma diferença entre descansar num fundamento falso e na verdade".[29] A crítica de Montgomery é que Voegelin abraça a filosofia, não a fé, e, portanto, tem de rejeitar todas as tentativas de submeter-se ou descansar na verdade cristã. Fazer outra coisa seria pôr em risco a função crítica e aberta do filósofo. Montgomery implica que o pensamento de Voegelin o impede de aceitar a verdade da revelação cristã como uma compreensão definitiva da condição humana. Onde Voegelin enfatiza a continuidade entre a filosofia e o cristianismo, muitos de seus críticos enfatizam as diferenças entre eles.

Uma análise mais condescendente de Voegelin e o cristianismo veio de John H. Hallowell e James L. Wiser. Como diz Wiser, a preocupação de Voegelin como filósofo "é partilhar sua experiência, não criar um sistema dogmático contra o qual não se podem comparar as heresias".[30] Essa experiência não é produto de alguma "técnica metodológica", mas sim da participação de Voegelin na ordem do ser através de sua abertura para o fundamento da existência. A abertura para a fonte transcendente de verdade é uma precondição para a participação do filósofo na *methexis* platônica ou na *metalepse*

[29] Ibidem, p. 238.

[30] James L. Wiser, "From Cultural Analysis to Philosophical Anthropology: An Examination of Voegelin's Concept of Gnosticism" [Da Análise Cultural à Antropologia Filosófica: um Exame do Conceito de Voegelin do Gnosticismo]. *The Review of Politics* 42, janeiro de 1980, p. 99.

aristotélica, *i.e.*, na participação e interação da vontade humana e divina na busca de ordem. A experiência dessa participação é descrita como uma "busca (*zetesis*) da parte do homem e atração (*kinesis*) da parte de Deus" (*PE 1966-1985*, p. 90). É a virtude mais alta de Aristóteles, a prática da imortalização (*athantieisn*). Explica Voegelin, entretanto, que "quando a consciência da tensão existencial se atrofiou – como na teologia e metafísica do século XVIII – não somos lançados de volta à crença pré-aristotélica nos mortais e imortais. Do estado de confusão emerge, na verdade, o novo tipo de sistema que transforma a participação experienciada no divino em uma possessão especulativa do divino" (idem, p. 89).

Wiser reconhece esse ponto e acrescenta que "a tensão existencial" causa ansiedade que os indivíduos tentam aliviar através da certeza gnóstica. Ele também concorda com Voegelin na falha do cristianismo em evitar a ascensão do gnosticismo. "A experiência do homem da realidade", explica ele, "pode engendrar essa busca por certeza, e a inabilidade cristã de subordinar essa busca ao serviço da abertura da alma para seu fundamento divino pode apenas ser um exemplo da falha inevitável do dogma quando confronta tais forças". Então, quando Wiser partilha a compreensão do dogma como uma resposta inadequada à incerteza, ele implica que Voegelin subestimou o escopo do gnosticismo. Ou seja, Voegelin implica em seus primeiros escritos que o gnosticismo é estritamente um descarrilamento do cristianismo, mas Wiser argumenta que "as tensões dentro do cristianismo contra as quais o gnosticismo reagiu são as mesmas tensões da própria filosofia. Como tal, o fechamento gnóstico se torna uma manifestação única de uma possibilidade humana universal". Voegelin reconhece as raízes do gnosticismo pré-cristão, mas Wiser explana o ponto quando explica que "o desejo filodóxico de certeza não é simplesmente uma rejeição de uma experiência cristã, nem mesmo simplesmente uma rejeição de uma experiência filosófica. Ao contrário, parece ser uma reação engendrada por uma experiência humana fundamental disponível a todos os homens de sensibilidade".[31] O fato de o cristianismo ser a compreensão mais diferenciada da realidade se deve a sua tendência maior de descarrilar em gnosticismo.

O artigo de Wiser implica que Voegelin pode ter superestimado a habilidade da filosofia de confrontar o gnosticismo moderno, especialmente à luz do próprio reconhecimento de Voegelin de que "a história da filosofia é, em grande parte, a história de seu descarrilamento" (*OH III*, p. 331). Em outras palavras, se a crise moderna se caracteriza como uma revolta contra a transcendência, seja o Deus transcendente da Bíblia, seja o Para Além (*epekeina*) transcendente da filosofia grega, está Voegelin justificado em enfatizar a filosofia como a resposta mais eficaz à desordem da era?

O artigo de Hallowell "Existence in Tension" [Existência em Tensão] trata de alguns dos problemas presentes na resposta a essa pergunta. Por um lado, Voegelin caracterizou o cristianismo contemporâneo como muito distanciado do drama histórico da revelação. Além disso, Voegelin afirma que o Deus desconhecido que "estava presente na existência de Jesus foi eclipsado pelo Deus revelado da doutrina cristã". Essa doutrinação lamentável da experiência cristã essencial surgiu da "separação da teologia escolar da teologia experimental ou mística (...)" acrescenta Voegelin.

> Mesmo hoje quando essa separação lamentável é reconhecida como uma das grandes causas da crise espiritual moderna; quando se fazem tentativas enérgicas de lidar com o problema através de uma variedade de crises e de teologias existentes, e quando não falta informação histórica acerca ou do processo revelatório que leva à epifania de Cristo, ou da perda da realidade experimental através da doutrinação, a análise filosófica das várias questões fica muito atrás de nossa consciência pré-analítica. Será necessário, portanto, refletir sobre o perigo que deu ao Deus Desconhecido um mau

[31] Ibidem, p. 100, 102 e 103.

> nome no cristianismo e induziu certos desenvolvimentos doutrinais como medida protetora, *i.e., [sic]* sobre o perigo do movimento do Evangelho descarrilar em gnosticismo. (*PE 1966-1985*, p. 199-200)

Voegelin prossegue, explicando nesse ensaio, "The Gospel and Culture" [O Evangelho e Cultura], que o movimento do Evangelho não conseguiu explicar a relação entre a realização existencial no reino de Deus e as preocupações pragmáticas da vida social e política. Como resultado, "tornou-se possível o descarrilamento no gnosticismo". Hallowell responde, comentando que "é claro que Voegelin considera 'a análise noética do entremeio' na filosofia clássica 'em alguns pontos superior a tudo o que encontramos no Evangelho'".[32] Isso focaliza a afirmação que Voegelin faz em *A Era Ecumênica*, em que diz que "Platão manteve o acontecimento teofânico em equilíbrio com a experiência do cosmos. Ele não permitiu que expectativas entusiásticas distorcessem a condição humana" (*OH IV*, p. 303). Essa observação é empregada como comentário de abertura acerca de São Paulo. A pessoa tem apenas de ler algumas páginas no capítulo para verificar o que está implícito na passagem acima: Paulo não manteve esse equilíbrio.

Hallowell protesta contra essa caracterização do Evangelho. Ele identifica muitas perguntas não respondidas no tratamento que Voegelin dá ao cristianismo. Por exemplo, embora ele aceite que essa "doutrina esteja divorciada da experiência que deu origem a ela e se torne uma abstração vazia e que muitas disputas doutrinárias sejam muita tempestade num copo d'água", pergunta ele, "é *toda* tentativa de expressar fé na forma doutrinal necessariamente fadada a tornar-se doutrinária? E como pode uma fé existencial ser comunicada a outros sem a ajuda da doutrina?". Enquanto ele concorda fundamentalmente com o argumento de Voegelin de que o

---

[32] John Hallowell, "Existence in Tension: Man in Search of His Humanity" [Existência em Tensão: O Homem em Busca de sua Humanidade]. In: *Eric Voegelin's Search for Order in History* [A Busca de Eric Voegelin de Ordem na História]. Baton Rouge, La., Louisiana State University Press, 1978, p. 125.

cristianismo muitas vezes degenerou numa ideologia através da reificação da doutrina, Hallowell acredita que um componente central da experiência cristã esteja faltando na obra de Voegelin. Questões da Igreja ou dos sacramentos são contornadas no tratamento que Voegelin dá ao cristianismo. Além disso, argumenta Hallowell:

> Voegelin parece estar dizendo que apenas quando o Evangelho espelha a tensão da existência, é ele o Evangelho verdadeiro. Não está claro para mim qual seria sua resposta àqueles que dissessem que o Evangelho pretende ser precisamente uma resposta a esta tensão, que através do cultivo, pela graça de Deus, das virtudes da fé, esperança e caridade, poder-se-ia suportar melhor a vida de tensão na esperança de que, "quando a febre da vida terminar, e nosso trabalho terminar, poder-se-á ser-nos garantida uma morada segura e um descanso santo, e paz, finalmente". Não é claro se há algum sentido em Voegelin considerar o Evangelho como "boa-nova".[33]

Uma réplica ao argumento de Hallowell é que Voegelin está preocupado primariamente com a construção de uma fundação filosófica em que apoiar uma revitalização espiritual. Ele acredita que a tarefa preliminar é reconquistar o significado da experiência. Com isso como precondição, Voegelin espera restaurar o primado da experiência à conversão espiritual significativa. Ele implica isso em "Immortality: Experience and Symbol" [Imortalidade: Experiência e Símbolo], quando se refere ao estado de erudição na virada do século como "um tempo difícil para homens de pendor filosófico". No entanto, ele acrescenta que, "desde o começo do século, a situação mudou substancialmente". Embora Voegelin admita que "a doença espiritual se manifestou grandemente nas contendas da guerra global e revolução", ele acredita, no entanto, que "as experiências de transcendência estão sendo recapturadas de

[33] Hallowell, "Existence in Tension" [Existência em Tensão], p. 123, 126 (ênfase no original).

uma maneira peculiarmente retrógrada”. Essas experiências estão sendo reintroduzidas como

> “fatos históricos” – embora a exploração do mito, do Antigo e do Novo Testamento, de movimentos gnósticos e apocalípticos através do estudo das religiões comparadas, da assiriologia, da egiptologia, da filosofia clássica, e assim por diante. Esse conhecimento renovado acerca da experiência de que depende a ordem em existência social e pessoal se faz sentir mesmo agora num diagnóstico cada vez mais preciso da desordem contemporânea e de suas causas; e seria surpreendente se não se tornasse uma força vivente, mais cedo ou mais tarde, na verdadeira restauração da ordem. (*PE 1966-1985*, p. 57)

Não se deve desprezar esse comentário, uma vez que representa uma resposta parcial à pergunta importante de Hallowell. Voegelin reconhece claramente dois componentes vitais para a reconquista da ordem. O primeiro é a recaptura das “experiências de transcendência”. É importante notar que Voegelin é ele mesmo parte dessa recaptura, e que, de fato, ele desenvolveu o arcabouço filosófico pelo qual as experiências de transcendência redescobertas em alguns campos particulares de estudo podem tornar-se uma força viva na sociedade. O segundo é dependente do primeiro e a ele se refere Voegelin como “a restauração verdadeira da ordem”. Por isso, podemos reconhecer que ele quer significar a revitalização espiritual. É essencial entender que a reconquista de “experiências de transcendência” é uma precondição para a restauração da “ordem na existência pessoal e social”.

Se a reconquista da experiência e de sua rearticulação podem ser entendidas como um pré-requisito necessário para “a verdadeira restauração da ordem”, então a análise de Voegelin do cristianismo deve tornar-se mais aceitável a seus críticos cristãos. Embora ele não trate especificamente de certos aspectos do cristianismo, *Conversas com Eric Voegelin* e “Resposta ao Professor Altizer” contêm reflexões que ajudam a iluminar a questão. Por exemplo, a questão de Hallowell acerca da comunicação da fé existencial é respondida em parte pela observação de Voegelin de que "o dogma tem um função social muito importante: evitar certas más interpretações e mostrar, se as más interpretações são socialmente dominantes, como, ao menos, lidar com elas a fim de evitar as piores consequências" (*CEV*, p. 97). A compreensão de Voegelin do dogma sendo tanto uma proteção necessária contra a má interpretação – ou seja, símbolos que representam errado as experiências engendradoras que dizem representar – como tendo o potencial de colapso na reificação, é também refletida em sua "Resposta ao Professor Altizer". Ele afirma que

> O dogma desenvolve-se como uma proteção necessária cultural e socialmente das intelecções obtidas experiencialmente contra falsas proposições; seu desenvolvimento é secundário à verdade da experiência. Se sua verdade finge ser autônoma, sua validade ficará sob ataque em qualquer situação de crise social, quando a alienação se torna um fenômeno de massa; o dogma será então mal compreendido como uma "opinião" em que alguém pode acreditar ou não, e será oposto por contraopiniões que dogmatizam a experiência da existência alienada.

Ele se refere ao problema no contexto histórico específico em que se desenvolve:

> O desenvolvimento de uma concepção fidedigna e nominalista de cristianismo é o desastre cultural com suas origens na Alta Idade Média, que provoca a reação da existência alienada na forma dogmática das ideologias, nos séculos XVIII e XIX. O resultado é um estado de desculturação com o qual estamos muito familiarizados em nossas conversas diárias com estudantes que são apanhados na confusão intelectual de um debate que prossegue, não pelo recurso à experiência, mas pela posição e contraposição de opiniões. Uma vez que

> a verdade tenha degenerado ao nível de doutrina verdadeira, o retorno da ortodoxia para o "mistério" é um processo que parece exigir tantos séculos de esforços quantos foram na destruição da cultura espiritual e intelectual. (*PE 1966-1985*, p. 295)

Tomada em seu contexto histórico, a posição de Voegelin parece sensata, pois o retorno ao "mistério" só pode vir por uma restauração da experiência. Enquanto as perguntas de Hallowell e suas reservas são compreensíveis, elas têm de ser, numa análise final, consideradas como secundárias ao que Voegelin apresenta como primário para a reconquista da ordem.

Voegelin está escrevendo numa época em que a desculturação teve um efeito significativo naqueles que tendem a ser condescendentes para com a sua filosofia da história, mas não podem aceitar-lhe o argumento contra a doutrina. Montgomery faz supor que Voegelin não está querendo aceitar existencialmente toda a extensão do cristianismo porque "não está preparado para render-se através da fé no mediador". Montgomery sugere que o que Voegelin quer dizer pela afirmação de que a "história é Cristo escrito em letras maiúsculas" é que a Encarnação é uma entre outras diferenciações que são todas partes do "desenrolar da humanidade". Para Voegelin, a Encarnação não muda a estrutura da realidade, mas apenas afina nosso entendimento dela. A ideia de que a história acabou como resultado da Ressurreição, posição defendida por Weatherby, Voegelin a considera falaciosa. Observa Weatherby: "Se o que os cristãos acreditam na Encarnação é verdadeiro, a realidade moveu-se para além de si mesma, e a história foi, portanto, abolida por sua própria consumação (...) O desejo das nações chegou: não pode mais haver nenhum desejo *na história*".[34] Ao argumentar que a "Encarnação levou a história a um fim", Weatherby representa precisamente a tendência no cristianismo que Voegelin critica. Ao declarar a consumação da história, a suposição subjacente

[34] Weatherby, "Myth, Fact, and History" [Mito, Fato e História). *Modern Age* 22, primavera de 1978, p. 148-49 (ênfase no original).

de Weatherby é ou que a história é algo além da participação humana na realidade divina ou que essa participação foi inteiramente preenchida. Certamente, tomada no contexto cristão, a história chegou a um ponto de culminação com a Encarnação. O propósito último do homem revelou-se como existência para além do tempo e da história. Entretanto, permanece o problema da ordem política e social. O homem tem de viver e agir num mundo que exige atenção a questões de justiça temporal a despeito de o cristianismo ser ou não a diferenciação final. Enquanto nossa compreensão do homem, de Deus, da sociedade e do mundo é mais iluminada pelo cristianismo, a vida no entremeio continua. Porque Voegelin está preocupado primeiramente com a ordem, e não com a especulação teológica, ele enfatiza que a ansiedade da vida no Entremeio não é abolida pela diferenciação. Ele explica na introdução a *O Mundo da Pólis:*

> A natureza humana é constante a despeito de seu desenrolar na história da humanidade, da ordem compacta à diferenciada, os estágios discerníveis de verdade crescente de existência não são causados por "mudanças na natureza do homem" que romperiam a unidade da humanidade e a dissolveriam numa série de espécies diferentes. A própria ideia de uma história da humanidade pressupõe essa constância de natureza; e a realidade dessa constância é atestada para além da dúvida pelas experiências do salto no ser, pela experiência de uma transição da mentira para a verdade da existência em que o mesmo homem é o "velho homem" de antes, e o "Novo homem" depois que ele sofreu a infusão do Ser Divino. (*OH II*, p. 71)

Conclusão

A contribuição de Voegelin

A contribuição de Voegelin à ciência política e à erudição pode ser enumerada em sete componentes principais: (1) a restauração da ciência política através de uma crítica ao positivismo; (2) um diagnóstico da crise ocidental; (3) uma análise crítica do totalitarismo e dos movimentos ideológicos modernos; (4) a reconquista dos símbolos e das experiências engendradoras de ordem; (5) uma filosofia da história; (6) uma filosofia da consciência; (7) um arcabouço filosófico de abertura para a transcendência que pode ser empregado para restaurar a ordem da civilização ocidental. Esses são os componentes primários da filosofia política de Voegelin e o resultado de sua dedicação de toda uma vida na busca da verdade e da ordem. Não constituem uma ideologia ou um conjunto de doutrinas, mas, ao contrário, representam a busca filosófica do fundamento do ser que é a fonte de resistência à mentira e à desordem.

Se a medida de uma grande mente filosófica é meramente a capacidade intelectual, então Voegelin é um entre dúzias de grandes filósofos modernos. O que separa Voegelin da maioria dos filósofos modernos não é tanto uma diferença de intelecto, mas uma diferença de imaginação. Esse ponto se torna claro quando a visão imaginativa de Voegelin é comparada com a dos pensadores modernos que ele analisa em suas obras eruditas. Por que é que Marx, Nietzsche, Heidegger e uma série de outros pensadores tendem a conceber erroneamente a essência da vida moderna, mas Voegelin tende a vê-la como ela é? É a visão imaginativa de Voegelin. E essa visão, como a de outros filósofos modernos, é moldada por sua vontade. Em outras palavras, para ver a vida como ela é, é necessário que a vontade ou alma se oriente para o fundamento da realidade que é o objeto da busca filosófica. A concepção de Voegelin de realidade difere da de pensadores gnósticos como Marx e Nietzsche porque sua filosofia política representa abertura para a realidade transcendente em que a disposição existencial deles está fechada para ela. Voegelin não sofria da disposição pneumopatológica e logofóbica que ele identifica em muitos pensadores modernos. Diferentes tipos de caracteres produzem diferentes qualidades de imaginação. Como explica Voegelin: "[O] que o filósofo que se move no campo [das experiências] verá ou não, entenderá ou não, ou se ele se orientará nela de algum modo, depende da maneira em que sua própria experiência se formou através da disciplina intelectual em abertura para a realidade, ou deformou, por sua aceitação *a-crítica* de crenças que obscurecem a realidade da experiência imediata" (*PE 1966-1985*, p. 116).

A filosofia moderna geralmente se molda pela imaginação gnóstica imanente do mundo, mas a filosofia política de Voegelin se molda pela imaginação transcendente. É esta diferença na imaginação, enraizada em última análise numa diferença de caráter, que conta para as visões contrastantes de Voegelin e dos gnósticos modernos. Voegelin absorveu em sua consciência a tradição cristã antiga de uma maneira que molda sua imaginação histórica e julgamento crítico. Então, a crise moderna é, em última análise, um problema de vontade e de imaginação, não de intelecto. Não é um problema de criar os programas político ou ideológico corretos, mas a conduta correta, ou seja. É uma questão de orientar a vontade para o *Agathon*.

A transformação da vontade está intimamente ligada à transformação da consciência. E, embora a ideia de transformar a consciência humana tenha sido comum no pensamento político moderno, Voegelin difere da maioria dos outros pensadores que advogam uma mudança na consciência porque ele compreende que a consciência não pode ser transformada sem uma transformação paralela e autêntica da alma – o que Platão chamou *periagoge*. Na ideologia gnóstica, a *periagoge* platônica e a *metanoia* cristã são substituídas pela *libido dominandi* (vontade de poder), e a vontade humana é, consequentemente, liberada de seus grilhões transcendentes.

Julgar criticamente a contribuição de Voegelin à teoria política e à restauração da civilização ocidental requer que seus argumentos sejam mensurados com a experiência histórica. É a vida – mais precisamente a condição humana – como ele diz? Este estudo procurou explicar e analisar os componentes centrais da filosofia política de Voegelin de uma maneira que permita ao leitor avaliar os méritos e a autoridade experiencial de sua obra. Embora críticos tenham identificado deficiências na teoria política de Voegelin, no todo é um feito notável que desafia as correntes prevalecentes de erudição e política com tendências ideológicas. A teoria política de Voegelin provê um ganho na perspectiva teórica que ajuda a iluminar a natureza da crise moderna e a estrutura da realidade. Pode ser vista como parte de um esforço maior na erudição do século XX de restaurar e reconstituir a tradição cristã e clássica na política e na filosofia.

Este esforço de restauração não é uma tentativa de retornar a uma idade de ouro ultrapassada. Ao contrário, Voegelin ofereceu uma compreensão da ordem existencial, social e política que demonstra como experiências históricas passadas são a substância espiritual da ordem contemporânea. As experiências engendrantes de ordem podem ser imaginativamente reexperienciadas de uma maneira que molde a consciência humana e a prepare para os desafios específicos da vida contemporânea. O passado, então, não apresenta um esquema para a ação humana, mas a consciência da experiência histórica com a realidade transcendente é o prelúdio para orientar a alma para o *Agathon* na mudança das circunstâncias históricas. A experiência histórica oferece a substância espiritual que ilumina a verdade da existência – a verdade necessária para ordenar as almas e a sociedade.

A análise de Voegelin da história e da ordem oferece intelecções valiosas sobre a natureza do homem, da sociedade e da política. Seu conceito de fé metastática, por exemplo, desenvolvido originalmente para analisar o profeta Isaías, descreve também ideólogos contemporâneos que acreditam que, através de humanitarismo, a política e a própria estrutura da realidade em que se baseia podem ser transformadas. A imaginação metastática é, de fato, uma parte integral da política moderna. É evidente no tipo de idealismo social e político que surge na crença de que as leis e as políticas públicas podem curar permanentemente as doenças sociais que provêm de falhas da natureza humana. A condição existencial que adota tal imaginação é algo que Voegelin diagnostica amplamente. Ele oferece uma resposta prescritiva à personalidade metastática: abertura sóbria para a realidade da condição humana. E identifica a tendência utópica na consciência moderna e analisa-lhe criticamente as raízes espirituais. Sua filosofia da história e filosofia da consciência mostram que por trás da linguagem moralmente confortante do humanitarismo progressivo jaz o narcisismo que produz a desordem existencial, social e política. A linguagem e a abrangência superficial das virtudes sociais mascaram a violência e feiura que são os frutos das ideologias modernas. Voegelin expôs a corrupção espiritual dessas ideologias e sua espiritualidade *ersatz*.

A resistência de Voegelin ao secularismo moderno é tão histórica como filosoficamente fundada. Uma das principais contribuições de Voegelin à ciência política e à civilização ocidental a esse respeito é sua reconquista dos símbolos de linguagem que articulam as experiências com a realidade transcendente. Ao trabalhar numa série de materiais históricos e ao iluminar o significado dos símbolos de linguagem como o mito, a revelação, a filosofia e a história, Voegelin oferece um modo de os indivíduos reconquistarem a consciência da experiência transcendente. Sem a consciência de tal experiência, os indivíduos se tornam estranhos à primeira realidade. Ou eles vagam sem direção pela vida ou se agarram fortemente a doutrinas ideológicas de segunda realidade. Em qualquer dos casos, o resultado é o mesmo: a desumanização do homem e a desintegração da civilização. A filosofia política de Voegelin é, então, uma maneira de resistir a esse estranhamento espiritual desumanizante. É um convite à exploração intelectual e existencial das experiências históricas do passado que são a substância ordenadora da civilização.

A contribuição de Voegelin também inclui sua caracterização da crise ocidental e sua resposta prescritiva a ela. Sua análise da crise tem a vantagem de atender a uma lista de materiais históricos e contextos filosóficos, um escopo amplo que está faltando na maior parte das obras sobre o mundo moderno. Além disso, Voegelin identificou as origens espirituais da crise ocidental de uma maneira que cria resistência a ela. O gnosticismo moderno, como definido por Voegelin, é uma das características principais da política contemporânea. Compreender suas raízes espirituais e históricas oferece sabedoria para descriminar entre vários impulsos políticos, culturais e espirituais. Também cria uma habilidade de distinguir entre espiritualidade falsa e verdadeira. Por outro lado, a obra dos críticos de Voegelin torna evidente que a obra dele sobre a transcendência se beneficiará de um exame cuidadoso da universalidade e de seu significado. As tendências abstratas em sua concepção de transcendência precisam ser corrigidas de tal modo que o esforço de restaurar o fundamento transcendente da teoria política não seja minado pelas construções inautênticas de universalidade.

A maior contribuição de Voegelin pode ser sua resistência ao totalitarismo. Sua obra acerca de Marx, os nazistas, e os predecessores deles explica como certas tendências no desenvolvimento da filosofia política levaram a assassinatos em massa. Quando a política alcança o ponto de exterminar sistematicamente dezenas de milhões de seres humanos inocentes, intelecções históricas e filosóficas são de importância vital para revelar-lhe as causas. Não apenas Voegelin iluminou as causas espirituais do totalitarismo, mas fez isso de maneira que demonstra as conexões entre o totalitarismo e as ideologias como o liberalismo e o positivismo. A revolta contra a transcendência e a constituição do ser, "a mentira da existência" (*PE 1966-1985*, p. 49), são os denominadores comuns em todos os esforços modernos de destruir o tecido espiritual da civilização. Críticos como David Walsh podem criticar legitimamente Voegelin por superestimar as raízes comuns intelectuais e espirituais do totalitarismo e do liberalismo, mas o argumento de Voegelin parece fundamentalmente sólido.

Sem a revitalização da tradição ocidental, há pouca chance de uma restauração cultural. Voegelin descobriu para nós as experiências espirituais do passado que estiveram amplamente adormecidas na vida cultural e intelectual do Ocidente. O próprio fato de que tais experiências históricas e os símbolos empregados para articulá-los precisem de reconquista é uma indicação de que o liberalismo não preservou a consciência das experiências ordenadoras da civilização ocidental. Em consequência, Voegelin teve de criar um arcabouço filosófico capaz de reviver esses símbolos e experiências. Dado que um dos objetivos de Voegelin foi restaurar a substância espiritual do Ocidente, sua contribuição para esse esforço é impressionante. Gerações de estudantes e eruditos se voltarão para Voegelin para intelecções na natureza da ordem e para a substância filosófica necessária para reviver a civilização ocidental. E muito tempo depois de ter passado a civilização ocidental, as intelecções filosóficas de Voegelin oferecerão uma compreensão da estrutura de realidade que é relevante para quem quer que participe na busca do homem pela ordem.

Glossário

A

ABERTURA. A alma do filósofo em busca aberta pela realidade, desembaraçada da ideologia ou de desordens pneumopatológicas. O emprego do termo por Voegelin é um empréstimo feito de Henri-Louis Bergson.

AGATHON. O bem mais alto. Equivalente a *summum bonum* (o maior dos bens). É importante contrastar a ideia de um bem "mais alto" com a concepção moderna de um "bem público" ou "interesse público". Este tende a ser entendido como uma formulação meramente secular (intramundana) e utilitária (frequentemente confinada a necessidades materiais) de interesse próprio agregado para o maior número de indivíduos em vez da ideia de sintonia com uma ordem moral transcendente.

AITION. O fundamento do ser; o Uno.

ALETHEIA. Verdade no sentido de verdade experiencial. Pode ser empregada também para significar "realidade".

AMOR DEI. Amor de Deus (Agostinho). O espírito que caracteriza a alma aberta.

AMOR SUI. Amor de si (Agostinho). O espírito que caracteriza a alma fechada.

ANÁLOGO CÓSMICO. Sociedade compreendida como uma reflexão do universo ordenado maior. As sociedades representam a si mesmas através da autointerpretação e de instituições análogas à ordem cósmica maior. A regra política, por exemplo, envolve a tarefa de ordenar a sociedade em harmonia com a ordem cósmica maior.

ANAMNESE. Recordação; a lembrança de experiências passadas que adormeceram na consciência. Conceito importante para a noção de Voegelin de reconquista de experiência.

ANTROPOLOGIA FILOSÓFICA. A visão de Voegelin da natureza humana e sua relação com a sociedade que se funda na compreensão clássica e judaico-cristã da alma. A crença no pecado original e na dualidade de uma alma dividida pelas boas e más inclinações caracteriza essa visão tradicional da natureza humana.

APEIRON. Um polo da estrutura da realidade (*entremeio*) que indica a origem ou o começo da existência e dos seres vivos. Voegelin apresenta o *apeiron* como o polo oposto da existência para o Além (*epekeina*).

APOCALIPSE METASTÁTICO. A transformação da realidade através de um ato de fé. Voegelin associa a esse conceito a ideia de mágica. Ele desenvolveu o conceito para descrever os profetas israelitas, como Isaías, que aconselhou o rei de Judá "a não confiar nas fortificações de Jerusalém e na força de seu exército, mas em sua fé em Javé. Se o rei tivesse fé verdadeira, Deus se ocuparia do restante e produziria uma epidemia ou um pânico entre os inimigos, dissipando o perigo que assolava a cidade. O rei teve bom-senso o suficiente para não seguir o conselho do profeta e confiar, pelo contrário, nas fortificações e no aparato militar. Ainda assim, havia o postulado do profeta de que, por meio de um ato de fé, a estrutura da realidade podia ser efetivamente modificada" (*AR*, p. 68; *RA*, p. 107-08).

ARCHE. Origem.

ARTICULAÇÃO DE EXPERIÊNCIA. A expressão simbólica de experiência que toma a forma de mito, revelação, história e filosofia. A expressão da realidade experiencial pretende desvelar a verdade da existência, que tem importância universal e aplicações à ordem social, política e existencial.

AUTOINTERPRETAÇÃO. A autointelecção de uma sociedade. Voegelin nota que de dentro de sociedades particulares o "simbolismo elaborado" é empregado para expressar o significado dessa sociedade, incluindo seu lugar na história e na realidade maior (cosmos).

B

BIONDO, FLAVIO. O pensador do século XV que dividiu a história em antiga, medieval e moderna. Ele, como Joaquim de Flora, é um dos primeiros pensadores modernos a demonstrar uma consciência de época e a considerar a si mesmo o representante de uma nova verdade. É uma das primeiras figuras no desenvolvimento do gnosticismo moderno.

BIOS THEORETIKOS. O termo de Aristóteles para uma vida de contemplação ou o desejo desta. Para Aristóteles, a contemplação é a função mais alta no homem por desenvolver o que, em última análise, é divino (*noûs)*. A vida contemplativa é o descobrimento do divino no homem e a participação no processo de imortalização. Os filósofos gregos clássicos acreditavam que a boa sociedade estava relacionada ao *bios theoretikos*. A vida de contemplação era útil para estabelecer o tom na sociedade assim como para oferecer intelecções filosóficas quanto à verdade da qual dependiam a ordem e a justiça.

C

CIENTIFICISMO. Ideologia que subordina a busca da verdade ao método científico. Intercambiável com positivismo.

COGNITIO FIDEI. Conhecimento pela fé. A compreensão pode começar num nível mais compacto de fé e proceder ao nível da razão. A fé dirige a razão a uma compreensão mais racional e presumivelmente mais diferenciada da verdade.

COMPACTO. Adjetivo que descreve símbolos e suas experiências históricas engendradoras que desvelaram, em algum grau, aspectos de realidade que estão presentes numa forma significativa, mas não foram reconhecidos como avanços que movem a consciência para além do nível da compreensão existente.

CONSCIÊNCIA DE ÉPOCA. Conceito que Voegelin emprega para descrever a ideia de que está surgindo uma época nova e final e que está terminando uma época antiga. Em *FER* ele atribui ao Iluminismo uma consciência de época que está relacionada a Joaquim de Flora no século XIII. Flavio Biondo é outro exemplo de pensador que tem consciência de época porque ele dividiu a história em antiga, medieval e moderna. O movimento, entretanto, não alcança o ponto de significância política e revolução social senão até o século XVIII. A consequência inclui o "significado perdido da existência cristã" (idem, p. 5) e a ascensão dos movimentos políticos de massa.

CONSTITUIÇÃO DO SER, A. A estrutura permanente de existência. Dada uma condição humana fixa (*condicio humana*), a vida social e a vida política estão sujeitas a limites que os gnósticos e outros ideólogos se recusam a aceitar. O gnosticismo é uma revolta contra a constituição do ser porque tenta transformá-la. Equivalente a "a ordem do ser", "a estrutura de realidade" e "a condição humana".

CONSUBSTANCIAL. A participação de vários níveis de realidade, como, por exemplo, no caso do *noûs,* através do qual são experienciadas tanto a presença humana como a divina.

CORPUS MYSTICUM. "O corpo mítico." Conceito desenvolvido por São Paulo para significar a comunidade de Cristo em que se entra pelo batismo.

COSMION. Termo de Voegelin para o "pequeno mundo de ordem" criado por uma sociedade através de seus símbolos autointerpretativos e experiências correspondentes. Voegelin toma emprestado o termo do filósofo austríaco Adolf Stöhr. Um *cosmion* age como escudo contra a desordem e a decadência. Voegelin fundamenta o conceito no termo de William James "subuniverso". O *cosmion* é defendido e racionalizado de uma maneira que produz registros históricos que podem ser analisados para desvelar a história das ideias. O *cosmion* é uma reflexão de uma ordem mais ampla e mais alta que implica a necessidade de subordinar a vontade humana à realidade transcendente. Regimes totalitários, por reconhecerem apenas a realidade intramundana, substituem o *cosmion* pelo cosmos.

COSMOS. Realidade ordenada, que inclui assim tanto seus componentes materiais como espirituais. Ironicamente, emprego contemporâneo do termo exclui partes da realidade (*e.g.*, *noûs*, revelação, graça, filosofia) que Voegelin considera importantíssimas para o significado e a ordem.

D

DEFORMAÇÃO. A destruição da alma pelo fechamento existencial ou pela corrupção ideológica. Equivalente a desculturação. A deformação pode ocorrer quando a verdade diferenciada é deformada em dogmas ou doutrinas ideológicas. Por exemplo, a noção de Marx de "emancipação" é uma deformação da ideia do Evangelho de *metanoia* (conversão espiritual verdadeira).

DEMIURGO. Criador do cosmos.

DESCARRILAMENTO. Desvio de uma verdade estabelecida. Um exemplo é o conceito de Nietzsche de "força" como uma substituição imanente do mundo da noção cristã de graça. O termo "descarrilamento" Voegelin tomou emprestado de Karl Jaspers como uma tradução de "*Entgleisung*".

DESCULTURAÇÃO. A perda de cultura que resulta do fechamento à experiência transcendente. A restauração da ordem através da reconquista da experiência engendradora com a realidade transcendente é a resposta prescritiva de Voegelin à desculturação.

DESESPIRITUALIZAÇÃO. O relegar à vida privada assuntos espirituais e símbolos. A destituição do cristianismo pelo positivismo é um exemplo. À desespiritualização segue-se a respiritualização; o cristianismo é substituído por ideologias modernas que contêm uma semelhança com o cristianismo, mas são faltas de sua substância espiritual. A virtude cristã de amar ao próximo, por exemplo, é transformada numa prática, muito menos ativa eticamente, de altruísmo humanitário ou de amor à humanidade, em abstrato. Esse descarrilamento do amor cristão "tem um forte apelo para os homens espiritual e intelectualmente imaturos que podem obter benefícios emocionais de serem membros da tribo em boas graças, sem se submeterem à disciplina desprazerosa do espírito e do intelecto; quando a verdade da existência como obrigação para qualquer homem é abolida, pode-se participar na humanidade representativa sem um esforço [moral]" (*PE 1953-1965*, p. 149-50).

DIFERENCIAÇÃO. O processo pelo qual a verdade da existência é compreendida e articulada de um modo mais completo e profundo. Platão, por exemplo, diferencia realidade transcendente como uma presença na alma denotada por termos como "*noûs*" e "*helkein*". A compreensão mais compacta de transcendência nas sociedades cosmológicas compreendia o universal como um poder no cosmos.

DIFERENCIAÇÃO NOÉTICA. O movimento na consciência da compactação à diferenciação.

DIFERENCIAÇÃO PNEUMÁTICA. A reação ao *pneuma* no sentido da resposta do homem ao puxão divino (*helkein*); a compreensão do transcendente como entidade separada da criação.

DIKE. Justiça: ordem correta; lei mais alta.

DISTÂNCIA REFLETIVA. Uma estrutura da consciência. O reconhecimento da diferença entre experimentar a realidade como um acontecimento consciente de participação e expressar essa experiência simbolicamente.

DOUTRINAÇÃO. A experiência histórica em doutrinas. Voegelin se opunha à doutrinação porque acreditava que causava a separação dos símbolos de linguagem de sua experiência engendradora, e, assim, obscurecia a verdade da realidade. Do mesmo modo a doutrinação leva à fragmentação da realidade porque a complexidade e inteireza da realidade não podem ser reduzidas a proposições dogmáticas acerca da verdade. Voegelin diz "doutrinização".

DOXA. Opinião como oposta à verdade ou ao conhecimento verdadeiro (*episteme*). Um filodoxo é um amante da opinião, oposto ao filósofo, que é um amante da verdade e da sabedoria.

E

ECÚMENA. A tentativa de criar uma comunidade universal da humanidade, seja num sentido espiritual, seja num sentido imperial. O reconhecimento e desejo de criar uma comunidade humana mundial tem animado as conquistas imperiais por todo o mundo.

ELABORAÇÕES DE "ISMOS". Qualquer elaboração ideológica (a maior parte das quais termina em "ismo", *e.g.*, progressivismo, marxismo, comunismo, cientificismo).

ENTREMEIO. A estrutura intermediária permanente da existência. Algumas vezes referido como o intermédio ou intermediário, significando que os seres humanos vivem numa estrutura de realidade que está entre os polos da existência (o *Apeiron* e o Para Além).

EPEKEINA. O Para Além; o transcendente.

EPISTEME. Conhecimento; ciência, oposta a *doxa*.

EQUIVALÊNCIA DE EXPERIÊNCIA. Voegelin argumentava que a realidade é conhecida pelos homens de várias maneiras – mito, história, filosofia, revelação. A consciência da realidade ocorre numa variedade de culturas e contextos históricos. A experiência com a realidade transcendente nesses vários contextos culturais e históricos é comparável e algumas vezes equivalente. O que torna equivalentes os símbolos e as experiências é a realidade comum que eles descrevem. A *parusia* é a presença do fundamento divino que faz uma experiência equivalente a outra e o que permite alguém, vivendo numa sociedade e época particulares, ser capaz de reconhecer e compreender os símbolos e experiências de outras sociedades e épocas.

ESCATOLOGIA. Especulação acerca do destino final e último do homem. Há *páthos* escatológico em Marx porque ele afirma ter descoberto o destino do homem como a perfeição da natureza na história. Intimamente relacionado ao milenarismo. Ideologias gnósticas e utópicas como o comunismo e o nacional-socialismo acreditam que é possível imanentizar o *escathon* (trazer o céu à terra).

ESPECULAÇÃO PSEUDOLÓGICA. Especulação não teorética – especulação que está fechada a aspectos da realidade por causa da adesão ideológica rígida – feita por pensadores "espiritualmente doentes" como Marx.

ESTILO AFORÍSTICO. Um estilo de análise pelo qual o pensador preserva em suas ideias a conexão entre as experiências e os sentimentos que engendram as ideias. Helvetius é um exemplo. Esse estilo e os pensadores que o empregam são importantes para a análise que Voegelin faz da crise ocidental, porque pensadores subsequentes frequentemente separam suas ideias das experiências e dos sentimentos que as engendraram. Uma vez separadas, é mais difícil traçar as ideias de volta às experiências e aos sentimentos que as inspiraram. Ideias de avaliação exigem a qualidade das experiências e dos sentimentos que as engendraram.

ESTRANHAMENTO. Condição espiritual caracterizada por fechamento e revolta contra o fundamento transcendente. O estranhamento é uma desolação do espírito (um estranhamento da realidade) que alimenta uma doença espiritual que Voegelin, seguindo Schelling, chama "pneumopatologia". O indivíduo estranhado, que Heráclito chama um "*idiotes*", está alienado da comunidade humana que é formada pela *homonoia, metanoia* e graça. Voegelin aplica o conceito à ascensão da Alemanha nazista e ao período do pós-guerra.

ETIOLOGIA. O exame da procura (busca) do fundamento da existência. *Aition* é a palavra grega para "o fundamento".

EUNOMIA. Sintonia com o transcendente; a ordem intelectual e espiritual que resulta da sintonia com o fundamento divino.

EXISTÊNCIA NA VERDADE. Existência aberta. A busca aberta do filósofo pela verdade da existência contrasta com a existência fechada do filodoxo e do ideólogo. A existência fechada põe fim à busca da verdade da existência e se funda em proposições ideológicas e na doutrinação.

EXPERIÊNCIA ENGENDRADORA. As experiências históricas que inspiram a articulação simbólica da verdade da existência. A difusão da ideologia na fase recente da Idade Moderna compeliu Voegelin a tratar da deformação ideológica dos símbolos. Ele acredita que a confusão causada pela deformação ideológica dos símbolos poderia ser remediada apenas pela invocação dos símbolos de linguagem originais que articulam a realidade experiencial. Essa tentativa exigia que o sentido original dos símbolos de linguagem que se tornaram opacos fossem iluminados pela restauração das experiências engendradoras que inspiraram a criação dos símbolos.

EXPERIÊNCIA PRIMÁRIA. Compreensão da presença transcendente nos acontecimentos cosmológicos do universo como a mudança de estações, as correntes, o tempo, sem a diferenciação de um deus pessoal presente em cada homem.

F

FÉ METASTÁTICA. Fés metastáticas tentam transformar radicalmente o ser, a estrutura da realidade, a si mesmas. Essas crenças utópicas são escapistas, pois sugerem que os seres humanos podem sair do *entremeio* e criar sociedades que encontraram uma maneira de eliminar a tensão da existência. A tensão ou ansiedade da existência "é mais do que um medo da morte no sentido de extinção biológica; é o horror mais profundo de perder, com a existência que passa, a base escassa na sociedade de ser que experimentamos como nosso enquanto dura a existência" (*OH I*, p. 43). O marxismo é um exemplo moderno de uma fé metastática. A fé metastática é uma das causas primárias da crise ocidental porque provê as condições para a ascensão de movimentos ideológicos de massa como o nazismo e o comunismo.

FECHAMENTO. O estado da alma fechada, que vive na rejeição do bem: o estado da alma que recusou buscar a ordem. Oposto à existência aberta. Voegelin emprega o termo "eclipse" para indicar fechamento; também emprega termos como "logofobia" e "pneumopatológico" para descrever a alma fechada. Os gnósticos são considerados fechados porque substituem a busca aberta da verdade pelas proposições e doutrinas ideológicas. Tentam eliminar, na consciência, a tensão da existência (ver *revolta egofânica*).

FECHAMENTO NARCISISTA. Termo que Voegelin emprega para descrever a condição espiritual de uma alma fechada que se revolta contra o fundamento transcendente do ser, ao colocar o homem no lugar do fundamento divino. Equivalente a estranhamento.

FILODOXIA. Amor da opinião (*doxa).*

FILOSOFIA. Amor e busca da sabedoria.

FILOSOFIA DA HISTÓRIA. A busca de significado na história. Na filosofia da história de Voegelin, a verdade da existência é desvelada pelo tempo. A compreensão humana da história e a verdade nunca são completas porque o significado final da história é um mistério. A esse respeito, a filosofia da história de Voegelin pode ser diferenciada da de Marx e Hegel.

FRAGMENTAÇÃO. A tendência comum de ideólogos de tomar uma parte da realidade, reduzi-la a uma doutrina ou proposição, e considerá-la o todo da realidade. Uma vez que ocorre a fragmentação, termina a busca da verdade da existência; a filosofia é substituída pela ideologia. A alegação feita pelos existencialistas de que "a vida é absurda" é um exemplo de fragmentação. A vida inclui a experiência de absurdidade, mas é uma de uma variedade de experiências humanas e, então, não deve ser tratada como a característica definidora da existência humana.

FUNDAMENTO, O. O fundamento da existência é a realidade transcendente que é experienciada como um puxão em direção ao bem. O centro orientador da vida. A alma aberta está aberta para o fundamento, pois sintoniza-se com a força ordenante que emana do fundamento. O puxão do fundamento é sentido pela pisique, o *sensorium* do transcendente.

G

GNOSE. Conhecimento falso que pode conter fragmentos de realidade. Distinto da *episteme*, porque não é adquirida através da análise filosófica, mas emana da cisão de uma alma fechada existencialmente. Esse conhecimento os gnósticos empregam para tentar transformar o mundo pela criação de uma nova estrutura de realidade. A ideia de Marx de que o mundo pode ser reordenado fundamentalmente sem classes sociais, propriedade privada e governo é um exemplo de gnose.

GNOSTICISMO. Ideologia que afirma o conhecimento absoluto da realidade. Segundo Voegelin, caracteriza o mundo moderno. É engendrada pela insatisfação com a estrutura da existência como ela é e pela crença de que uma nova ordem pode ser criada pela execução de um plano revolucionário de ação, baseado na gnose. A nova ordem representa uma transformação da natureza humana e da própria estrutura da existência.

H

HEBREUS 11,1. "É, pois, a fé a substância das coisas que se devem esperar, um argumento das coisas que não aparecem." Em contraste com os pensadores gnósticos como Hegel e Marx, Voegelin mantém uma humildade intelectual que reconhece que é limitada a compreensão que o homem tem da verdade. Em consequência, sua filosofia da história é escrita no espírito de *Hebreus* 11,1.

HELKEIN. O ato de ser arrastado ou puxado por Deus ou pelo fundamento do ser (*e.g.* pela graça).

HIPOSTATIZADO. A reificação de conceitos que dá a eles o *status* de objetos com existência independente.

HISTÓRIA PROFANA. A categoria de história que vem do iluminismo e é representada em pensadores como Voltaire. Distingue-se da noção de Agostinho da história sacra. Com o iluminismo surge a ideia de que a história sacra é irrelevante para a História. Voltaire escreve a primeira história universal, mas sua "completude empírica" é falta do universalismo transcendental encontrado em Agostinho. Um novo universalismo está presente nas histórias do iluminismo moderno. A velha noção de transcendência é substituída por uma "nova religiosidade intramundana".

HISTORIA SACRA. História da Igreja; empregada por Agostinho para distinguir da história profana (secular).

HISTÓRIAS DE UMA LINHA. Conceito que Voegelin emprega para descrever as histórias do século XIX oferecidas por pensadores tais como Hegel, Marx e Comte, que concebiam a história como procedendo de "algum lugar numa antiguidade remota para além do exato conhecimento e, então, avançando para o grande presente" (*CEV*, p. 113). Em cada caso, a história é vista como um desvelar da consciência. Mas essas histórias não são verificadas por "conhecimento empírico" da história. Em vez de uma história que culmina na civilização ocidental, Voegelin afirma que há histórias paralelas.

HISTORIOGÊNESE. Especulação sobre a origem e causa de uma sociedade. O termo se encaixa numa tipologia de especulações (*e.g.*, antropogonia: a origem do homem; cosmogonia: a origem do cosmos; e teogonia: a origem dos deuses). Elaborações historiogenéticas incluem progressivismo "iluminado", comtismo, hegelianismo e marxismo.

HOMONOIA. Termo empregado por Aristóteles e outros para indicar "afinidade" (*likemindedness*) no sentido de comunidade espiritual. *Homonoia* é a substância formadora da comunidade sem a qual não podem existir a justiça e a ordem. Hobbes tenta construir uma sociedade sem *homonoia* e coloca em seu lugar apenas o interesse próprio e o medo.

I

IDEOLOGIAS SECUNDÁRIAS. Ideologias como conservadorismo e tradicionalismo que são criadas para preservar a ordem existente de movimentos radicais como jacobinismo ou marxismo. Voegelin rejeita as ideologias secundárias porque elas formam proposições ideológicas para preservar a verdade, mas, ao fazê-lo, arriscam separar os símbolos de suas experiências engendradoras e tendem a fechar a busca da verdade. David Hume é um exemplo de ideólogo secundário.

IMANENTISMO. Ideologia que concebe a realidade como totalmente imanente (*e.g.*, o positivismo).

IMORTALIZAÇÃO. Noção de Aristóteles de orientar a alma ao fundamento divino.

INSTRUMENTALIZAÇÃO DO HOMEM. A desumanização do homem pela redução de seu valor e significado ao prazer, dor e paixão. O homem perde sua qualidade espiritual porque se pensa que ele está completamente alienado da transcendência.

INTENCIONALIDADE. Uma estrutura de consciência. Descreve a parte da consciência humana que orienta a si mesma em direção a um "objeto" como a realidade.

INTRACÓSMICO x EXTRACÓSMICO. Voegelin explica que no politeísmo os deuses são intracósmicos, i.e., são parte do cosmos e não estão para além dele. O cristianismo diferencia um Deus extracósmico que está presente no mundo cósmico, mas, ao mesmo tempo, o transcende e é o criador dele.

INTRAMUNDANO. Completamente dentro do reino da realidade imanente. Voegelin emprega este conceito para se referir a pensadores e ideias que removem o transcendente de sua concepção de realidade. Hobbes, por exemplo, tem um elemento de religiosidade intramundana em sua teoria política porque ele substitui o *summum bonum* (o maior bem) pelo *summum malum* (o maior mal – medo de morte violenta). Porque a ordem verdadeira tem raízes transcendentes, as teorias intramundanas de política desprezam elementos básicos da verdade da existência: elas são logofóbicas. O resultado de teorias intramundanas é que a sociedade se torna um universo fechado com um processo imanente de salvação ou o que Voegelin chama "religião intramundana" (*FER*, p. 11).

J

JOAQUIM DE FIORE (FLORA). Monge calabrês do século XII a quem Voegelin considera uma figura importante no desenvolvimento do gnosticismo moderno. Joaquim criou uma "consciência de época" – ou seja, um comportamento que sugere o começo de uma época nova e final, uma nova ordem que substituiu a velha. No caso de Joaquim, a velha ordem é o cristianismo e a nova ordem é uma deformação do cristianismo. Ele concebeu a história em três épocas, dando origem à própria ideia de modernidade.

K

KALLIPOLIS. A bela cidade que Platão descreve na *República* e considerada por alguns o regime ideal dele.

KINESIS. A tensão do ser movido a buscar a verdade da existência.

L

LIBIDO DOMINANDI. A vontade de poder. Uma característica definidora dos gnósticos, que, afinal, revelam que por trás de suas proposições ideológicas jaz a luxúria pelo poder e domínio.

LOGOFOBIA. Medo e ódio à filosofia; recusa de engajar-se na busca da verdade da existência. Pensadores logofóbicos substituem a busca da verdade por proposições ideológicas. Voegelin identifica a logofobia como uma característica definidora do totalitarismo. Marx é um exemplo. Voegelin explica as consequências do fechamento filosófico ao notar que "a proibição de perguntas não é inofensiva, pois obteve grande efetividade social entre homens que proíbem a si mesmos de fazer perguntas, em situações críticas" (*SPG*, p. 26).

LOGOS. Intelecto capaz de compreender o ser eterno; razão. Nem toda a verdade é acessível ao *logos.*

LUMINOSIDADE. Estrutura de consciência. Importante conceito na filosofia da consciência de Voegelin. Descreve o processo pelo qual os seres humanos se inteiram da realidade. A realidade se torna luminosa em grau variado. "Ela" se torna luminosa no sentido de um ser individual a par de estar participando no processo de realidade que se desvela.

M

MANA. Da palavra grega *dynamis*, significando virtude ou poder. Voegelin explica que "Jesus está possuído de um mana.que pode comunicar a outras pessoas e que pode começar vários processos nelas, normalmente processos de cura" (*HPI I*, p. 154).

METALEPSE. A participação tanto do divino como do humano na consciência.

METANOIA. Mudança do coração ou conversão espiritual. Equivalente a *periagoge*.

MÉTODO/PROCEDIMENTO ARISTOTÉLICO. Examinar símbolos da linguagem como ocorrem na realidade como opostos a inventar símbolos ou conceitos para explicar e analisar a realidade. Voegelin acredita que, dos símbolos de autointerpretação existentes numa sociedade, o filósofo político pode começar a revelar o "pequeno mundo de significado" criado por uma dada sociedade. Uma vez identificados, esses símbolos e suas experiências correspondentes de ordem podem ser comparados com a compreensão do filósofo político da ordem obtida da intelecção filosófica.

MITO. Forma de linguagem em sociedades cosmológicas. Não é feito pelo *logos*; não é uma descrição analítica da realidade, mas uma história que transmite uma verdade provável.

N

NOESE. A atividade do *noûs* que diferencia a realidade.

NOMOS. Lei; convenção; ordem correta.

NOSOS. Doença espiritual que alimenta a injustiça.

NOÛS. Intelecto que é uma substância criativa divinamente. É um ponto de contato entre o homem e o divino.

O

ÔMFALOS. Termo grego significando "o umbigo do mundo, em que as forças transcendentes do ser fluem para a ordem social" (*OH I*, p. 67). Ponto que marca o centro do Universo, que liga a comunidade política e o cosmos.

OPACO. Termo que Voegelin emprega para descrever símbolos de linguagem, que perderam seu significado original porque foram separados de sua experiência histórica engendradora. O oposto de "transparente".

P

PARA ALÉM, O. A parte extrema da realidade que se estende para além da compreensão humana completa. Estamos a par de sua existência e, ao mesmo tempo, a par de nossa ignorância dela. Equivalente a *epekeina*.

PARADOXO DA MODERNIDADE. Progresso e declínio concomitantes. O progresso é na área da ciência e da tecnologia, que levou a níveis notáveis de conforto material, educação e saúde. No entanto, esse progresso se fez à custa do declínio espiritual. Guerras destrutivas, materialismo ideologicamente motivado e alienação engendraram um corpo de literatura sobre o declínio do Ocidente.

PARTICIPAÇÃO. Termo empregado para descrever a existência na estrutura da realidade como estado de participação que inclui a consubstancialidade da consciência.

PARUSIA. A presença do divino em experiências humanas equivalentes. Sua presença na consciência humana e nas experiências históricas permite que indivíduos que vivem em períodos históricos e culturas diferentes reconheçam a mesma realidade em suas várias experiências e símbolos históricos. É o que dá à história sua qualidade universal.

PÁTHOS. A paixão e emoção que estão associadas com a vida humana e a ansiedade do *entremeio*. Voegelin argumentava que no nível do *páthos* os indivíduos que estavam abertos à verdade poderiam ser educados e desviados da desordem espiritual. Doutrinas ideológicas criam um clima cultural que compele o filósofo a apelar ao *páthos* como maneira de penetrar a verdade da existência que todos os seres humanos compartilham na experiência.

PERIAGOGE. A virada da alma para o fundamento transcendente. Essa ideia de conversão é chave no projeto de Voegelin porque dá a ele uma dimensão ética. Sem indivíduos concretos que ordenem suas almas de acordo com o fundamento divino, não é possível a restauração.

PNEUMA. O espírito transcendente que move a alma em direção ao fundamento. Equivalente a *helkein.*

PNEUMOPATOLOGIA. Doença espiritual cujo sintoma principal é omitir arbitrariamente "um elemento de realidade a fim de criar a fantasia de um mundo novo" (*SPG*, p. 101).

PRINCÍPIO ANTROPOLÓGICO DE PLATÃO. A interpenetração da ordem social e existencial. Esta ideia está presente na *República,* obra na qual Platão faz conexões entre a ordem da alma e a ordem da pólis. Se a pólis é o homem (a alma) escrita com letras maiúsculas, então as ordens social e política dependem dos líderes que sintonizaram sua alma com o fundamento. A degeneração do regime é, afinal, uma degeneração do caráter moral na classe reinante. Por implicação, instituições sociais e políticas são incapazes de manter uma ordem justa sem líderes de caráter moral sadio.

PROCESSO TEOGÔNICO. Termo que Voegelin toma emprestado de Schelling para descrever o "movimento de sentimento religioso" na história profana.

PSIQUE. O *sensorium* da transcendência; "o órgão do homem pelo qual ele experimenta ou no qual ele experimenta as várias tensões" como amor, esperança e fé. Voegelin explica que, à medida que a *psique* "se envolve em" amor, esperança e fé, ela "pode ser chamada de eu 'noético', ser 'noético' derivado de *noûs*, o termo grego para o eu intelectual" (*CEV*, p. 9).

R

REALISSIMUM. A realidade mais alta. Empregado para representar o fundamento divino ou transcendente.

RELIGIOSIDADE INTRAMUNDANA. Uma nova religiosidade que emerge no iluminismo e "se expressa através da inversão da direção em que o *realissimum* da existência deve ser buscado" (*FER*, p. 69). O homem não é ordenado de cima pela graça eterna de Deus, mas de baixo, pelo interesse próprio e pelo cálculo utilitário. Esse sentimento está presente em Hobbes e Helvetius.

REPRESENTAÇÃO. "A forma pela qual uma sociedade política ganha existência para ação na história." Sociedades empregam símbolos para representar a verdade transcendente. Este é um processo de autointerpretação (*NSP*, p. 1). Voegelin classifica três tipos de representação: "elemental", "existencial" e "transcendente".

REPRESENTAÇÃO ELEMENTAL. A ideia convencional de representação política; a representação no sentido constitucional (*e.g.*, os senadores dos EUA são representantes elementais).

REPRESENTAÇÃO EXISTENCIAL. Representação de uma sociedade numa ordem maior. A representação da sociedade com relação "à toda a série da existência humana, incluindo sua dimensão espiritual" (*NSP*, p. 43). Sir John Fortescue é um dos primeiros a compreender a representação existencial. Voegelin explica seu emprego inicial da representação existencial e o que quer dizer com em ele (*AR*, p. 64-65; *RA*, p. 104-05).

REPRESENTAÇÃO TRANSCENDENTAL. Representação da verdade transcendente. Voegelin afirma que, além da representação existencial, as sociedades representam a verdade transcendente. "Por representação transcendental entendia a simbolização da função governamental como representante da ordem divina no cosmos." Na idade moderna, "a única diferença é que o deus foi substituído por uma ideologia da história, agora representada pelo governo investido de sua função revolucionária" (*AR*, p. 65; *RA*, p. 104-05).

REVOLTA APOSTÁTICA. A rejeição da ordem espiritual e sua substituição por uma ordem espiritual radicalmente diferente. A rejeição do positivismo ao cristianismo é um exemplo de revolta apostática. Voegelin refere-se à nova ordem espiritual como uma "contrarreligião".

REVOLTA EGOFÂNICA. Termo de Voegelin para "designar a atitude que faz da epifania do ego a experiência fundamental, eclipsando a epifania de Deus na estrutura da consciência clássica e cristã" (*AR*, p. 67; *RA*, p. 107). A revolta é uma tentativa de remover a tensão da existência pela transformação dela numa "posse da sabedoria completamente resolvida" na forma de doutrina. Voegelin empregava o tempo equivalente "apocalipse do homem" em *NSP*. Ele mudou para "revolta egofânica" na obra posterior (*OH*) a fim de enfatizar o aspecto reducionista do gnosticismo. "O preço da descoberta do homem era a morte de Deus, como o fenômeno foi chamado por Hegel e Nietzsche" (*AR*, p. 67-68; *RA*, p. 107).

S

SACRUM IMPERIUM. Conceito da Idade Média que deriva da noção cristã de reino de Deus e evolve para a ideia de civilização cristã ocidental. Seu significado mais literal é "império sacro".

SALTO NO SER. Termo de Voegelin para progresso no desvelar da verdade da existência. Ele o emprega nos primeiros volumes de *OH*, mas tende a substituí-lo por "diferenciação" em obras posteriores. Descreve um salto no ser como um "salto qualitativo" no descobrimento da verdade, em vez de um crescimento de compreensão no mesmo nível (*OH I*, p. 48).

SEGUNDA REALIDADE. Termo empregado por Voegelin, seguindo Robert Musil e Heimito Von Doderer, para denotar percepções falsas da condição humana. A criação de uma segunda realidade é afim da criação de uma "realidade imaginária" que serve ao propósito de esconder "a primeira realidade da experiência comum" da percepção humana. A criação de uma segunda realidade é um ato de imaginação que engana o eu, fazendo-o perceber a vida de uma maneira que cria fricção entre o eu e a primeira realidade. Essa fricção é o ímpeto de revolta contra a realidade que caracteriza os movimentos ideológicos modernos.

SÍMBOLOS COSMOLÓGICOS. Símbolos autointerpretativos que consideram as instituições políticas e sociais como representantes da ordem observável no cosmos.

SÍMBOLOS SOTERIOLÓGICOS. Símbolos criados para expressar a experiência de ser, movida por um deus pessoal que existe na alma humana.

SINTONIA. O ordenamento da alma em direção ao *Agathon*. A orientação da alma para o fundamento pode ser descrita como seguindo as "vozes da consciência e da graça na própria existência humana" (*OH I*, p. 42-43).

SPENGLER, TOYNBEE, JASPERS, HEGEL. Intelectuais que escreveram filosofia da história. A obra de Voegelin é contrastada com a deles, porque não afirma ter descoberto o significado último da história.

SPOUDAIOS. Termo de Aristóteles para o homem maduro.

SUMMUM BONUM. O maior ou o mais alto dos bens; o padrão transcendental de justiça e de bem. Equivalente a *Agathon*.

T

TEOFANIA. Movimento em direção ao divino que procede da sintonia. Distinto de egofania, que é o movimento para longe do divino, uma revolta contra a transcendência.

TRADIÇÃO MEDITERRÂNEA. A tradição da filosofia clássica e judaico-cristã representada por pensadores como Platão, Aristóteles, Agostinho e Aquino. Voegelin argumenta que a crise do Ocidente é paralela ao eclipse dessa tradição pelo gnosticismo moderno. A restauração da civilização ocidental depende da recuperação de experiências com a transcendência articuladas pelos representantes da tradição mediterrânea.

TRANSCENDENTE. O universal; o fundamento do ser, o *Para Além*.

TRANSPARENTE. Termo de Voegelin para símbolos de linguagem que não perderam seu significado original porque permanecem ligados às experiências engendradoras, e, então, permanecem uma força viva na existência política e social.

TRANSPOSIÇÃO. Voegelin emprega este conceito para explicar como pensadores do século XVII, como Turgot, transpõem a ideia cristã de humanidade. "A evocação de Turgot da *mass totale* transpõe a ideia cristã de humanidade para uma chave utilitária." A ideia cristã de humanidade é a de que existe uma comunidade universal porque cada ser humano possui dentro do Espírito a centelha divina. Essa parte da natureza humana permite que indivíduos participem da realidade transcendental, e, assim, experienciem a *homonoia*. "Esse liame do espírito é eterno" (*FER*, p. 96). Mas, com Turgot e outros pensadores modernos, as massas estão desconectadas da transcendência. A transposição inclui a ideia de que "uma humanidade intramundana como um todo é o novo *realissimum*" e que os líderes políticos ou intelectuais da *masse totale* são homens-deuses (*FER*, p. 98). Comte, por exemplo, considerava-se tanto um novo Messias como o papa.

V

VERDADE DA EXISTÊNCIA. Termo de Voegelin para o "objeto" da busca do filósofo.

X

XYNON. A realidade comum que os seres humanos experienciam (Heráclito). O fundamento comum a que os filósofos, poetas e profetas se referem para comunicar a verdade da realidade.

Z

ZETEMA. A busca existencial e intelectual da verdade.

ZETESIS. A busca da verdade da existência que é engendrada pelo impulso transcendente (*helkein*).

ÍNDICE ONOMÁSTICO

R

S

T

V

W

X

Dados Internacionais de Catalogação na Publicação (CIP)
(Câmara Brasileira do Livro, SP, Brasil)

Federici, Michael P.
Eric Voegelin : a restauração da ordem / Michael P. Federici; tradução Elpídio Mário Dantas Fonseca. – São Paulo : É Realizações, 2011. – (Coleção filosofia atual)

Título original: Eric Voegelin : the restoration of order. Bibliografia
ISBN 978-85-8033-020-5

1. Filosofia moderna - Século 20 2. Ideias políticas - História 3. Ordem 4. Política - Filosofia 5. Política - História 6. Voegelin, Eric, 1901-1985 I. Título. II. Série.

11-02541 CDD-320.509

Índices para catálogo sistemático:
1. Ideias políticas : História : Ciência política 320.509

Este livro foi impresso pela Prol Editora Gráfica para É Realizações, em abril de 2011. Os tipos usados são Minion Condensed e Adobe Garamond Regular. O papel do miolo é pólen bold 90g, e o da capa, cordenons stardream lapisazuli 285g.